TAZE YUMURTA YEMEK KITABI

TAZE YUMURTA KULLANMAK IÇIN 100 SAĞLIKLI TARIF

Burak Yüksel

Her hakkı saklıdır.

Sorumluluk reddi beyanı

Bu e-Kitapta yer alan bilgilerin, bu e-Kitabın yazarının araştırma yaptığı kapsamlı bir strateji koleksiyonu olarak hizmet etmesi amaçlanmıştır. Özetler, stratejiler, ipuçları ve püf noktaları yalnızca yazarın önerileridir ve bu e-Kitabı okumak, sonuçların yazarın sonuçlarını tam olarak yansıtacağını garanti etmez. E-Kitabın yazarı, e-Kitap okuyucularına güncel ve doğru bilgiler sağlamak için her türlü makul çabayı göstermiştir. Bulunabilecek kasıtsız hata veya eksikliklerden yazar ve ortakları sorumlu tutulamaz. E-Kitaptaki materyal üçüncü tarafların bilgilerini içerebilir. Üçüncü taraf materyalleri, sahiplerinin ifade ettiği görüşleri içerir. Bu nedenle, e-Kitabın yazarı herhangi bir üçüncü taraf materyali veya görüşüne ilişkin sorumluluk veya yükümlülük kabul etmez. İster internetin ilerlemesi, ister şirket politikası ve editoryal gönderim kurallarındaki öngörülemeyen değişiklikler nedeniyle, bu yazının yazıldığı sırada gerçek olarak belirtilenler daha sonra geçerliliğini yitirebilir veya uygulanamaz hale gelebilir.

E-Kitabın telif hakkı © 2024'e aittir ve tüm hakları saklıdır. Bu e-Kitabın tamamını veya bir kısmını yeniden dağıtmak, kopyalamak veya türev çalışmalar oluşturmak yasa dışıdır. Bu raporun hiçbir bölümü, yazarın açık yazılı ve imzalı izni olmadan hiçbir şekilde çoğaltılamaz veya yeniden aktarılamaz.

İÇİNDEKİLER

- İÇİNDEKİLER 4
- GİRİİŞ 8
- **TEMEL TAZE YUMURTA TARİFLERİ** 9
  - 1. Sert Pişmiş Yumurta 10
  - 2. Omlet 12
  - 3. Haşlanmış Yumurta 15
  - 4. Omlet 17
  - 5. Omlet 19
  - 6. Mikrodalgada Yumurta 21
  - 7. Kiş 24
  - 8. Frittata 26
  - 9. Sufleler 29
  - 10. Krep 32
  - 11. beze 35
  - 12. yumurta turşusu 38
  - 13. Temel kurabiye hamuru 40
- **GÜNLÜK TAZE YUMURTA** 42
  - 14. Domates Dolması 43
  - 15. İspanyol Tava Sufle 46
  - 16. Yaban Mersinli Kahvaltı Fırını 48
  - 17. Soslu Yumurta 51
  - 18. Yuvalardaki Yumurtalar 54
  - 19. Beyaz peynir ve yeşilliklerle Frittata 57
  - 20. Lezzetli Şeytani Yumurtalar 60
  - 21. Üstüne Balkabağı Krep 63
  - 22. Havuçlu ve Patatesli Krep 66
  - 23. Kahvaltı Hash bardakları 69
  - 24. Peynirli ve Sebzeli Frittata 72
  - 25. Siyah Fasulyeli Brownie Lokmaları 75

26. Floransa Tatlı Patatesi...78
27. Havuçlu Muffin Üstleri..81
28. Minyatür Cevizli Tartlar..84
29. Kakaolu Saç Keki..86
30. Süzme Peynirli Cheesecake......................................89
31. Mikro Yeşil Doldurulmuş Yumurta...........................92
32. Bezelye Vur Krep...94
33. Yumurta Beyazı ve Mikro Yeşiller Omlet..................97
34. Pinon (Sığır Muzlu Omlet)...99
35. Porto Rikolu Pirinç Unlu Çörekler............................103
36. Porto Riko Flan de Queso..106
37. Porto Riko Köfte...109
38. Füme Balıkla Doldurulmuş Avokado........................112
39. Füme Somonlu Fırında Yumurta..............................115
40. Haşlanmış Yumurta ve Füme Somon......................118
41. Korunmuş Yumurta Sarısı..121
42. Tuzlu Yumurta..124
43. Dumanlı Soya Soslu Yumurta..................................127
44. Köri Turşusu Yumurta..130
45. Pancar Turşusu Yumurta...133
46. Füme Hindili Mısırlı Kekler.......................................136
47. Patates Krepli Somon Füme...................................139
48. Fırında Füme Somon ve Beyaz Peynir...................142
49. Füme Somon Cheesecake......................................145
50. Kaşarlı Çörekler...148
51. Frenk Soğanlı Patates Gözlemesi..........................150
52. Mısır ve Füme Hindi Pudingi...................................153
53. Kremalı Füme Somon ve Dereotlu Tart..................156
54. Füme Somonlu Latkes...159
55. Akçaağaç-Tarçınlı Yulaf Ezmeli Krep.....................162
56. İsviçre Pazı ve Quinoa Frittata...............................165
57. Keçi Peynirli Baharatlı Fırında Yumurta.................168
60. Sarımsaklı Mantarlı ve Peynirli Omlet....................171
61. Çiğnenebilir Elma Ayları...174
62. Diyabetik ve Düşük Sodyumlu Kek........................177
63. Esmer Şeker-Cevizli Dondurma.............................179

64. Limonlu Beze Katmanlı Kek 182
65. Çikolatalı Kremalı Pasta 185
66. Vişneli-Bademli Biscotti 188
67. Yulaf Ezmeli-Çikolata Parçalı Kurabiye 191
68. Düşük sodyumlu mısır ekmeği turtası 194
69. Çikolatalı sufle keki 197
70. Kahvaltı Tacoları 200
71. Barbekü Haş 203
72. Zeytin ve Otlu Frittata 206
73. Kuşkonmaz Frittata 208
74. Çilekli-Bademli Tost 211
75. Çikolatalı Krep 213
76. Çikolatalı Cevizli Waffle 216
77. Granola Barlar ve Kuru Kiraz 219
78. Meyveli ve Fındıklı Muffinler 222
79. İkili Balkabaklı Snack Barlar 225
80. Yumurtalı pizza kabuğu 228
81. Sebzeli omlet 230
82. Yumurtalı Kekler 232
83. Füme Somonlu Çırpılmış Yumurta 234
84. Biftek ve Yumurta 236
85. Yumurta Fırında 238
86. Frittata 241
87. Naan / Krep / Krep 243
88. Kabak Krep 245
89. Kiş 247
90. Kahvaltı sosis topları 249
91. Kahvaltılık Sosisli Sandviçler 251
92. kavrulmuş şili muhallebi 254
93. Kahvaltılık sosisli sandviçler 257
94. Alman krepleri 259

TAZE YUMURTA İÇECEKLERİ 263

95. Coquito 264
96. Klasik Amaretto Ekşi 266
97. Viski Ekşi Kokteyli 268

98. ALMAN YUMURTA LİKÖRÜ...270
99. VİETNAM YUMURTA KAHVESİ..273
100. ZABAGLİONE...275
ÇÖZÜM...**278**

GİRİŞ

HOŞ GELDİN!

Yumurtanın sağlığa faydalı olduğunu hepimiz biliyoruz. Mükemmel bir protein ve temel besin kaynağıdırlar ve hazırlanabilecekleri birçok yolla son derece çok yönlüdürler. Yumurtalarla ilgili en iyi şey mi? Çok lezzetliler.

Bu kitapta her seferinde mükemmel, lezzetli yumurtalar elde etmenizi sağlayacak adım adım teknikler ve fikirler bulacaksınız. Sadece birkaç temel bilgiyi öğrenerek, istediğiniz kadar az veya çok sayıda kişi için çok çeşitli, hazırlaması kolay yemekler hazırlayabilirsiniz. O halde devam edin ve eğlenin!

TEMEL TAZE YUMURTA TARİFLERİ

1. **Sert pişmiş yumurta**

Talimatlar

a) Yumurtaları tencerenin dibine tek kat halinde yerleştirin ve üzerini soğuk suyla örtün. Su, yumurtalardan yaklaşık bir inç kadar yüksek olmalıdır. Tencerenin kapağını kapatıp orta-yüksek ateşte kaynatın.

b) Su kaynamaya başlayınca tencereyi ocaktan alın ve 18 ila 23 dakika bekletin. Daha yumuşak bir yumurta sarısı için süreyi 3 ila 4 dakikaya, orta yumurta sarısı için ise 11 ila 12 dakikaya düşürün.

c) Soğuyuncaya kadar yumurtaları boşaltın ve hemen üzerine soğuk su dökün veya yumurtaları oluklu bir kaşıkla çıkarın ve pişmeyi durdurmak için bir buz banyosuna koyun.

2. **Omlet**

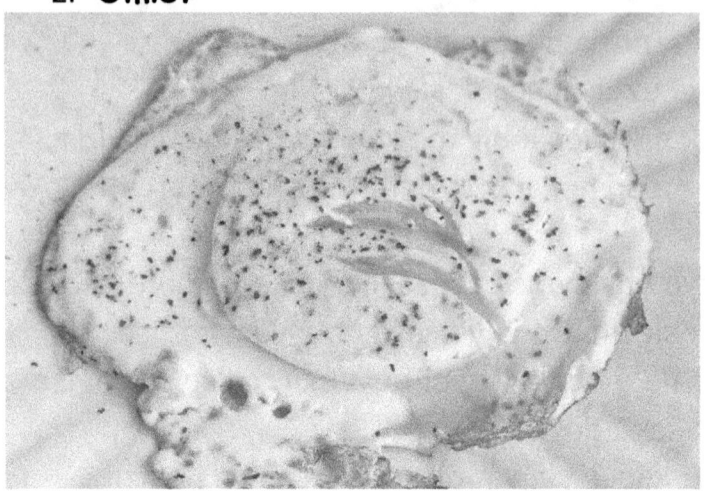

İçindekiler

- Yumurtalar
- Pişirme spreyi, tereyağı veya sıvı yağ
- Tuz ve biber

Talimatlar

a) Bir tavayı orta ateşte ısıtın. Tercihinize göre tavanızı pişirme spreyi (sadece normal bir tava kullanıyorsanız), tereyağı veya yağla kaplayın. Tereyağı kullanıyorsanız erimesi için yeterli süre tanıyın, yağ kullanıyorsanız ısınması için 30 saniye bekleyin.

b) Bir kaseye bir yumurta kırın (birden fazla yumurta kızartıyorsanız, her birini kendi kasesine kırabilir veya aynı kaseyi tekrar kullanabilirsiniz) ve yumurtayı yavaşça tavaya bırakın. Tuz ve karabiberle hafifçe tatlandırın (isteğe bağlı).

c) Yumurtanın beyazı sertleşene ve kenarları kıvrılmaya başlayana kadar yaklaşık 3 ila 4 dakika pişmesine izin verin. Yaygara dürtüsüne direnin; yumurtalarınız yalnız bırakılırsa daha iyi sonuç verir. Güneşli tarafı yukarı bakacak şekilde yumurtayı bir tabağa kaydırmanız yeterlidir. Aşırı kolay, aşırı orta veya aşırı iyi yumurtalar için bir sonraki adıma geçin.

d) Yumurtayı yavaşça ters çevirmek için bir spatula kullanın. Tamamen yumurtanın altına sokmanıza gerek yok ama çevirmeden önce yumurta sarısının altında olduğundan emin olun. Fazla kolay için yaklaşık 30 saniye, fazla orta için 1 dakika ve fazla iyi için bir buçuk dakika daha pişirin. Bir kez daha çevirin ve bir tabağa kaydırın.

3. **Haşlanmış yumurta**

İçindekiler

- Yumurtalar
- su
- Tuz ve biber

Talimatlar

a) Bir tencereye 3 inç (8 cm) su doldurun ve kaynatın. Bu arada, her yumurtayı kendi küçük kasesine kırın, böylece su doğru sıcaklığa ulaştığında gitmeye hazır olurlar.

b) Su kaynamaya başlayınca altını hafif kısın. Kaseyi kaynayan suyun hemen üzerinde tutarak yumurtayı yavaşça suya kaydırın. İkinci yumurtayı da aynı şekilde bırakın ve girdikleri sırayı takip etmeye çalışın. İlk giren yumurta, ilk çıkan yumurta olmalıdır. Daha fazla yumurta pişiriyorsanız su sıcaklığının çok fazla düşmemesi için daha fazla su kullanmayı unutmayın.

c) Yumuşak haşlanmış yumurtalar için 3 dakika sonra yumurtaları çıkarın veya sarısının daha katı olması için 5 dakika pişmesine izin verin. Oluklu bir kaşıkla çıkarın ve mümkün olduğu kadar fazla suyu boşaltın. Kaşığı hareket ettirdiğinizde yumurtanın sallanması gerekir (ancak biraz). Pişmiş yumurtaları bir kağıt havlunun üzerine koyun ve tuz ve karabiber ekleyin (isteğe bağlı).

4. **Omlet**

İçindekiler

- Yumurtalar
- Süt
- Pişirme spreyi veya tereyağı
- Tuz ve karabiber (isteğe bağlı)

Talimatlar

a) Tek porsiyon çırpılmış yumurta hazırlamak için 2 yumurtayı bir kaseye kırın ve 2 yemek kaşığı (30 mL) sütle çırpın. Eğer isterseniz, tuz ve biber katın.

b) Tavayı orta ateşte ısıtın. Tercihinize göre tavanızı pişirme spreyi (sadece normal bir tava kullanıyorsanız) veya tereyağı ile kaplayın. Tereyağı kullanıyorsanız erimesi için yeterli süre bekleyin. Yumurtaları tavaya dökün ve ısıyı orta-düşük seviyeye indirin.

c) Yumurtaları bir spatula ile yavaşça hareket ettirerek yumuşak kıvamlar oluşturun. Tavada sıvı yumurta kalmayana kadar, ancak yumurtalar kuru görünene kadar karıştırmaya devam edin.

d) Yumurtaları ve tabağı hemen çıkarın.

5. Omlet

İçindekiler

- 2 yumurta
- 2 yemek kaşığı (30 mL) su
- Pişirme spreyi, tereyağı veya sıvı yağ
- İstenilen dolgular (örneğin: peynir, mantar, yeşil biber)
- Tuz ve karabiber (isteğe bağlı)

Talimatlar

a) Bir çırpma teli veya çatal kullanarak yumurtaları 2 yemek kaşığı (30 mL) suyla çırpın. Tuz ve karabiber ekleyin (isteğe bağlı). Yumurta sarısını ve beyazını iyice birleştirdiğinizden emin olun.

b) Bir tavayı orta-yüksek ateşte ısıtın. Tercihinize göre tavanızı pişirme spreyi (sadece normal bir tava kullanıyorsanız), tereyağı veya yağla kaplayın. Tereyağı kullanıyorsanız erimesi için yeterli süre tanıyın, yağ kullanıyorsanız ısınması için 30 saniye bekleyin.

c) Tava ısındıktan sonra karışımı dökün. Yumurta karışımı tavanın kenarlarında biriktikçe, bir spatula kullanarak pişmiş kısımları yavaşça tavanın ortasına doğru itin. Pişmemiş yumurtanın boş alanlara akmasını sağlamak için tavayı eğin ve döndürün. Yumurtanın yüzeyi nemli görünüyor ancak tava sallandığında hareket etmiyorsa doldurmaya hazır demektir. Doldurmanızı dikkatli bir şekilde ekleyin; biraz uzun bir yol kat eder.

d) Omleti bir spatula ile ikiye katlayın ve bir tabağa kaydırmadan önce alt kısmının hafifçe kızarmasını sağlayın. İç malzemeniz kalırsa geri kalanını omletin üzerine dökün.

6. **Mikrodalgada yumurta**

İçindekiler
- 1 yumurta
- Pişirme spreyi, tereyağı veya sıvı yağ
- Bir tutam tuz

Talimatlar
a) Mikrodalgaya dayanıklı bir kabı veya ramekini tercihinize göre pişirme spreyi, tereyağı veya sıvı yağla kaplayın (mikrodalga yumurta pişiricisi kullanılıyorsa kaplama gerekli değildir). Kabın dibine birkaç tane tuz serpin. Tuz mikrodalga enerjisini çeker ve yumurtanın eşit şekilde pişmesine yardımcı olur.

b) Bir yumurtayı kabın içine kırın. Yumurta sarısını ve beyazını çatalla 4 veya 5 kez delin (pişirme sırasında patlamayı önlemek için delmek gerekir).

c) Havalandırma için küçük bir alanı geriye çekerek plastik ambalajla örtün (mikrodalga yumurta pişiricisi kullanılıyorsa, kapağı tabana yerleştirin ve sabitlemek için çevirin).

d) YUMUŞAK PİŞİRİLMİŞ YUMURTA İÇİN: Mikrodalga Yüksek ayarında (%100 güç) 30 saniye veya Orta ayarda (%50 güç) 50 saniye süreyle. Plastik ambalajı veya kapağı çıkarmadan önce 30 saniye bekletin. Hala az pişmişse yumurtayı kabın içinde ters çevirin, kapağını kapatın ve 10 saniye daha veya istediğiniz şekilde pişene kadar mikrodalgada tutun.

e) SERT PİŞİRİLMİŞ YUMURTA İÇİN: 40 saniye boyunca Yüksek (%100 güç) Mikrodalga. Plastik ambalajı veya kapağı çıkarmadan önce 30 saniye bekletin. Hala az pişmişse yumurtayı kabın içinde ters çevirin, kapağını kapatın ve 10 saniye daha veya istediğiniz şekilde pişene kadar mikrodalgada tutun.

7. **Kiş**

İçindekiler
- 4 yumurta
- Önceden pişirilmiş pasta kabuğu
- İstenilen dolgular
- 1 1/2 su bardağı (375 mL) krema veya süt
- Tuz ve karabiber (isteğe bağlı)

Talimatlar
a) Fırını 350°F'ye (180°C) önceden ısıtın. Turta kabuğunuzun tabanına peynir ve istediğiniz diğer dolguları serpin.
b) Yumurtaları ve kremayı bir kasede iyice karışana kadar çırpın. Tuz ve karabiber ekleyin (isteğe bağlı).
c) Karışımı dikkatlice pasta kabuğunun içine dökün.
d) 35 ila 40 dakika veya dolgu altın kahverengiye dönene kadar pişirin. Pişip pişmediğini kontrol etmek için kişinizin ortasına bir bıçak batırın. Temiz çıkarsa olmuş demektir! Servis yapmadan önce 10 dakika bekletin.

8. Frittata

İçindekiler
- 8 yumurta
- 1/2 su bardağı (125 mL) su
- 1/8 çay kaşığı (0,5 mL) tuz
- 1/8 çay kaşığı (0,5 mL) biber
- Pişirme spreyi, tereyağı veya sıvı yağ
- 2 bardak (500 mL) doldurma Malzemeler (doğranmış sebzeler, et, kümes hayvanları, deniz ürünleri veya bunların bir kombinasyonu)
- 1/2 su bardağı (125 mL) rendelenmiş peynir
- Tatmak için taze veya kurutulmuş otlar (isteğe bağlı)

Talimatlar
a) Fırını kızartmak için önceden ısıtın. Yumurtaları, suyu, otları, tuzu ve karabiberi orta boy bir kapta çırpın. Bir kenara koyun.

b) 25 cm'lik (10 inç) yapışmaz, fırına dayanıklı bir tavayı orta ateşte ısıtın. Tercihinize göre tavayı pişirme spreyi (sadece normal tava kullanıyorsanız), tereyağı veya yağla kaplayın. Tereyağı kullanıyorsanız erimesi için yeterli süre tanıyın, yağ kullanıyorsanız ısınması için 30 saniye bekleyin. Doldurma malzemelerini ekleyin, tamamen pişene kadar sık sık karıştırarak soteleyin.

c) Yumurta karışımını dökün. Karışım tavanın kenarlarında biriktikçe, pişmemiş yumurtanın alta akmasını sağlamak için pişmiş porsiyonları bir spatula ile yavaşça kaldırın. Alt kısım ve üst kısım neredeyse hazır olana kadar yaklaşık 8 ila 10 dakika kadar pişirin .

d) Üzerine peynir serpin. Peyniri eritmek ve frittatayı şişirmek için tavayı önceden ısıtılmış piliç altına 2 veya 3 dakika yerleştirin veya kapağını kapatın ve ocakta birkaç dakika pişirin.

e) Frittata'nın kenarlarını bir bıçakla gevşetin. takozlar halinde kesin ve servis yapın.

9. Sufleler

İçindekiler

- 4 yumurta
- 2 yumurta akı
- 2 yemek kaşığı (30 ml) tereyağı
- 2 yemek kaşığı (30 mL) çok amaçlı un
- 1/2 çay kaşığı (2,5 mL) tuz
- Biber tutam
- 3/4 bardak (175 mL) süt (%1)
- 1/4 çay kaşığı (1,25 mL) tartar kreması

Talimatlar

a) Fırını 375°F'ye (190°C) önceden ısıtın. Orta boy bir tencerede, düşük ateşte tereyağını eritin. Unu, tuzu ve karabiberi ekleyip karıştırın. Karışım pürüzsüz ve kabarcıklı hale gelinceye kadar sürekli karıştırarak pişirin. Sütü yavaş yavaş karıştırarak ilave edin. Karışım pürüzsüz ve koyulaşana kadar karıştırmaya devam edin.

b) 4 yumurtanın sarısını ayırıp 2 akını ayırın. Yumurta sarılarını iyice çırpın ve 1/4 bardak (60 mL) ılık sos karışımını yumurta sarılarına ekleyin.

c) Bu yumurta sarısı karışımını kalan sosla birleştirin ve iyice karıştırın.

d) Yumurta aklarını geniş bir kapta krem tartarla sertleşene ancak kuruyana kadar çırpın.

e) Daha hafif hale getirmek için yumurta aklarının bir kısmını sosun içine katlayın, ardından yavaşça ama iyice sosu kalan yumurta aklarının içine katlayın.

f) 4 fincanlık (1 L) hafifçe yağlanmış sufle veya güveç kabına dikkatlice dökün.

g) Kabarıncaya ve hafifçe kızarıncaya kadar yaklaşık 20 ila 25 dakika pişirin.

10. Krep

İçindekiler

4 yumurta
1/2 çay kaşığı (2,5 mL) tuz
2 su bardağı (500 mL) çok amaçlı un
2 su bardağı (500 ml) süt
1/4 bardak (60 mL) bitkisel yağ
Pişirme spreyi veya tereyağı

Talimatlar

a) Yumurtaları ve tuzu orta boy bir kapta birleştirin. Unu yavaş yavaş sütle değiştirerek ekleyin ve pürüzsüz hale gelinceye kadar çırpın. Yağı yavaşça çırpın. Bu adım için blender da kullanabilirsiniz. Tüm malzemeleri pürüzsüz hale gelene kadar yaklaşık 1 dakika işleyin. Unun genleşmesine ve hava kabarcıklarının çökmesine izin vermek için hamuru en az 30 dakika buzdolabında saklayın. Bu süre zarfında hamur koyulaşabilir, bu nedenle biraz daha süt veya su ekleyerek inceltmeniz gerekebilir. Krep hamuru yoğun krema kıvamında olmalıdır.

b) Krep tavanızı biraz pişirme spreyi (sadece normal tava kullanıyorsanız) veya tereyağıyla kaplayın. Tavaya serpildiğinde su damlacıkları cızırdayana kadar orta-yüksek ateşte ısıtın.

c) Hamuru karıştırın ve yaklaşık 3 Yemek kaşığı (45 mL) hamuru tavaya bir kerede dökün.

d) Tavanın tabanını meyilli ile kaplamak için tavayı dairesel hareketlerle hafifçe sallarken hızla eğin ve döndürün.

Krepin alt kısmı hafifçe kızarana kadar yaklaşık 45 saniye pişirin. Krepi bir spatula ile ters çevirin ve 15 ila 30 saniye daha pişirin. Bir tabağa aktarın ve kalan hamurla aynı işlemi tekrarlayın. Krepler yapışmaya başlarsa tavaya daha fazla pişirme spreyi veya tereyağı ekleyin.

11. beze

İçindekiler

- 3 yumurta beyazı oda sıcaklığında
- 1/4 çay kaşığı (1,25 mL) krem tartar veya limon suyu
- 1/4 su bardağı (60 ml) toz şeker

Talimatlar

a) Fırını 220°C'ye (425°F) önceden ısıtın. Basit bir beze hazırlamak için yumurta aklarını ayırın ve cam veya metal bir kaseye koyun (plastik kaselerde köpürmeyi önleyen yağlı bir film olabilir). Yumurtaları beyazlarında hiç sarı izi bırakmadan ayırın, çünkü sarısındaki yağ beyazların istediğiniz hacmi oluşturmasını engelleyecektir.

b) Tartar kremasını ekleyin ve elektrikli bir karıştırıcı kullanarak yumurta aklarını köpürene kadar çırpın. Yumuşak tepeler denilen şeyi oluşturmalılar. Tepeler, çırpıcıları köpükten çıkarırken yukarı çıkan "tepelerdir". Uçlar yavaşça düştüğünde zirvelerinizin yumuşak olduğunu anlayacaksınız.

c) Her seferinde 1 ila 2 yemek kaşığı (15-30 mL) şeker ekleyerek, şekerin tamamı karışıncaya ve tepe noktaları parlak hale gelinceye kadar yavaş yavaş ekleyin. Köpük sert tepeler oluşturana ve şekerin tamamı eriyene kadar çırpmaya devam edin. Şekerin çözülüp çözülmediğini test etmek için çırpılmış bezeyi başparmağınız ve işaret parmağınız arasında ovalayın. Cesur görünüyorsa, yumurtaları pürüzsüz hale gelinceye kadar birkaç saniye daha çırpın.

d) Bezenizi sıcak dolgunuzun üzerine koyun ve yaklaşık 4 veya 5 dakika pişirin; bu, tepe noktaları hafifçe kızarmaya yetecek kadardır.

12. yumurta turşusu

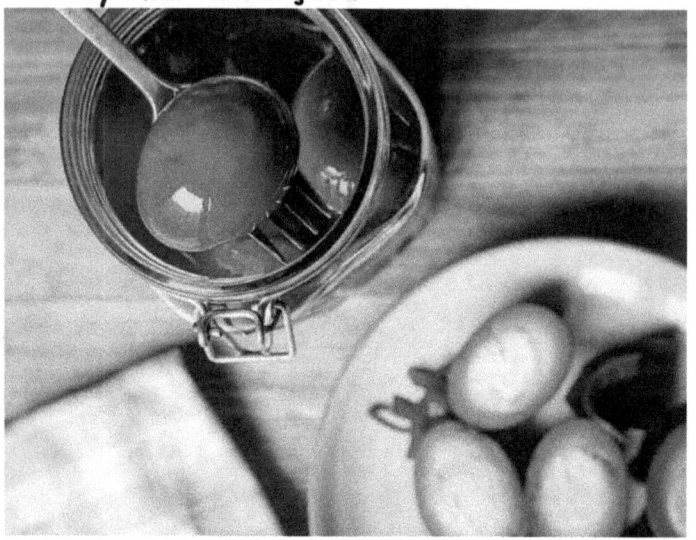

İçindekiler

- 12 adet sert pişmiş yumurta
- 1 su bardağı (250 mL) su
- 1 su bardağı (250 mL) beyaz sirke
- 1 yemek kaşığı (15 ml) toz şeker
- 1 çay kaşığı (5 mL) tuz
- 2 çay kaşığı (10 mL) dekapaj baharatı

Talimatlar

a) Yüksek ateşte küçük bir tencerede su, sirke, şeker, tuz ve turşu baharatlarını birleştirin. Şeker eriyene kadar sık sık karıştırarak kaynatın. Isıyı en aza indirin ve 10 dakika pişirin.

b) Tamamen soğuduğundan emin olduktan sonra sert pişmiş yumurtaları soyun ve kavanoza koyun. Mükemmel sert pişmiş yumurtaların nasıl yapıldığını 4. sayfada öğrenin.

c) Sıcak dekapaj sıvısını doğrudan yumurtaların üzerine kavanozun içine dökün. Bu adımda turşu baharatlarını süzebilirsiniz, ancak süzülmemiş malzemeler güzel bir sunum sağlar.

d) Kullanmadan önce en az 2 gün buzdolabında saklayın.

13. Temel kurabiye hamuru

İçindekiler

- 2 1/4 bardak (550 mL) çok amaçlı un
- 1 çay kaşığı (5 mL) karbonat
- 1/4 çay kaşığı (1,25 mL) tuz
- 3/4 su bardağı (175 mL) tereyağı, oda sıcaklığında
- 3/4 su bardağı (175 ml) toz şeker
- 3/4 su bardağı (175 mL) paketlenmiş esmer şeker
- 2 yumurta
- 1 çay kaşığı (5 mL) vanilya

Talimatlar

a) Fırını önceden 350°F'ye (180°C) ısıtın ve fırın tepsilerinizi parşömen kağıdı veya silikon mat ile kaplayın. Unu, kabartma tozunu ve tuzu orta boy bir kapta birleştirin.

b) Tereyağını, toz şekerleri ve kahverengi şekerleri büyük bir kapta elektrikli karıştırıcıyla pürüzsüz ve kabarık hale gelinceye kadar çırpın. Yumurtaları ve vanilyayı ekleyip iyice karışana kadar çırpın. Un karışımını ekleyin ve birleşene kadar çırpın.

c) Hazırlanan fırın tepsilerine yaklaşık 2 inç (5 cm) aralıklarla bir çorba kaşığı hamur bırakın. Kurabiyeler parlak görünümlerini kaybedinceye kadar, yaklaşık 9 dakika pişirin. Tamamen soğuması için tel rafa aktarmadan önce kurabiyeleri fırın tepsisinde 1 dakika soğumaya bırakın.

GÜNLÜK TAZE YUMURTA

14. Domates Dolması

İçindekiler :

- 8 küçük domates veya 3 büyük domates
- 4 adet haşlanmış yumurta, soğutulmuş ve soyulmuş
- 6 yemek kaşığı Aioli veya mayonez
- Tuz ve biber
- 1 yemek kaşığı maydanoz, doğranmış
- Büyük domates kullanıyorsanız 1 yemek kaşığı beyaz ekmek kırıntısı

Talimatlar :

a) Domatesleri kaynar su dolu bir tencerede 10 saniye kadar soyduktan sonra buzlu veya aşırı soğuk su dolu bir leğene batırın.

b) Domateslerin üst kısımlarını kesin. Bir çay kaşığı veya küçük, keskin bir bıçak kullanarak tohumları ve içlerini kazıyın.

c) Yumurtaları Aioli (veya kullanılıyorsa mayonez), tuz, karabiber ve maydanozla bir karıştırma kabında ezin.

d) Domatesleri dolguyla doldurun ve sıkıca bastırın. Küçük domateslerin kapaklarını neşeli bir açıyla değiştirin.

e) Domatesleri en üste kadar doldurun ve düzleşinceye kadar sıkıca bastırın. Keskin bir oyma bıçağı kullanarak halkalar halinde dilimlemeden önce 1 saat buzdolabında bekletin.

f) Maydanozla süsleyin .

15. İspanyol tava sufle

Porsiyon : 1

Bileşen

- 1 Kutu İspanyol Hızlı Kahverengi Pirinç
- 4 Yumurtalar
- 4 ons Kıyılmış yeşil biberler
- 1 fincan su
- 1 fincan Rendelenmiş peynir

Talimatlar :

a) Kutunun içeriğini pişirmek için ambalaj talimatlarını izleyin.

b) Pirinç pişince peynir hariç kalan malzemeleri çırpın.

c) Üzerine rendelenmiş peynir serpin ve 325°F sıcaklıkta 30-35 dakika pişirin.

16. Yaban Mersinli Kahvaltı Fırını

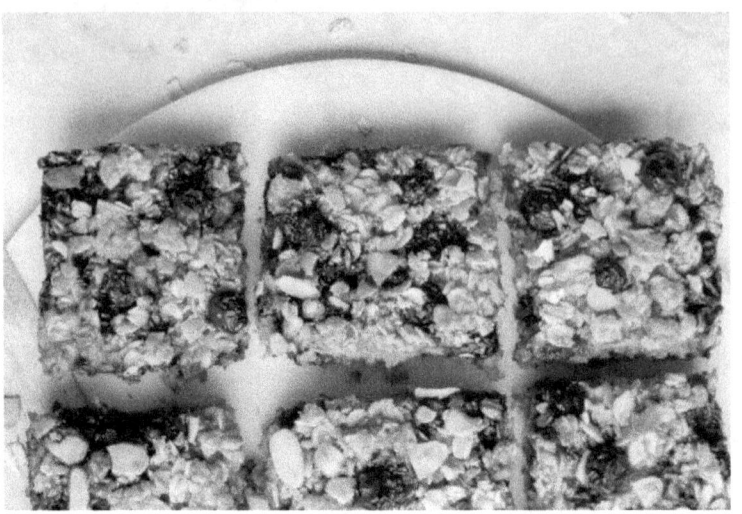

Verim: 6 porsiyon

İçindekiler :

- 6 dilim tam buğday ekmeği, bayat veya kurutulmuş
- 2 yumurta, dövülmüş
- 1 su bardağı yağsız süt
- 1/4 su bardağı esmer şeker, bölünmüş
- 1 limonun kabuğu rendesi, bölünmüş
- 2 çay kaşığı tarçın, bölünmüş
- 2 1/2 bardak yaban mersini, bölünmüş

Talimatlar :

a) Fırını önceden 350 Fahrenheit dereceye ısıtın. Pişirme spreyi kullanarak 12 fincanlık muffin tepsisini yağlayın.

b) Ekmeği küp küp doğrayıp bir kenara koyun. Yumurtaları, sütü ve şekeri geniş bir karıştırma kabında birlikte çırpın.

c) 2 yemek kaşığı esmer şeker, 1/2 çay kaşığı tarçın ve 1/2 limon kabuğu rendesi ekleyin

d) Ekmeği ve 1 1/2 bardak yaban mersini yumurta karışımına atın ve sıvının büyük kısmı emilene kadar çırpın. Muffin kalıplarının yarısına kadar hamuru doldurun.

e) 1 yemek kaşığı esmer şekeri ve 1 çay kaşığı tarçını küçük bir kasede birleştirin. Fransız usulü tost kaplarının üzerine, tepeyi serpin. 20-22 dakika veya üstü kızarana ve Fransız tostu bitene kadar pişirin.

f) Bu arada kalan 1 su bardağı yaban mersini, limon kabuğu rendesini ve 1 yemek kaşığı esmer şekeri küçük bir tencereye koyun ve orta-düşük ateşte 8-10 dakika veya sıvı çıkana kadar pişirin.

g) Yaban mersinlerini patates ezici kullanarak gerekli kıvama gelinceye kadar ezin.

h) Pişmiş Fransız tostunun üzerine gezdirmek için yaban mersini karışımını şurup olarak kullanın.

17. Soslu Yumurta

Verim: 4 porsiyon

İçindekiler :

- 1 yemek kaşığı zeytinyağı
- 1/2 sarı soğan, doğranmış
- 1 yemek kaşığı domates salçası
- 3 çay kaşığı kırmızı biber
- 3 diş sarımsak, kıyılmış
- 4 dilim közlenmiş kırmızı biber, doğranmış
- 1, 28 onsluk düşük sodyumlu ezilmiş domates olabilir
- 1/8 çay kaşığı tuz
- 3 su bardağı taze ıspanak
- 1/4 su bardağı taze maydanoz, doğranmış
- 4 büyük yumurta
- 2 tam buğdaylı pide, kızarmış

Talimatlar :

a) Büyük yapışmaz bir tavada yağı orta ateşte ısıtın.

b) Soğanları ekleyin ve 2 dakika veya biraz yumuşayana kadar pişirin. Salçayı, kırmızı biberi ve sarımsağı ekledikten sonra 30 saniye pişirin.

c) Biberleri, domatesleri ve baharatları ekleyip karıştıralım. Kaynamaya başladıktan sonra ısıyı en aza indirin.

d) Ara sıra karıştırarak 30 dakika pişirin.

e) Ispanak ve maydanozun yarısını ekleyin ve birleştirmek için karıştırın. Tahta kaşık kullanarak domates karışımına dört çukur açın. Dört kuyucuğun her birine birer yumurta kırın, üzerini örtün ve 8 dakika veya yumurta akları katılaşana kadar pişirin.

f) Son dokunuş olarak kalan maydanozu üstüne serpin. Daldırma için pide ekmeği ile servis yapın.

18. Yuvalardaki Yumurtalar

Verim: 6 porsiyon

İçindekiler :

- 1 pound tatlı patates, soyulmuş
- 2 yemek kaşığı zeytinyağı
- 1/4 çay kaşığı tuz, bölünmüş
- 1/4 çay kaşığı karabiber, bölünmüş
- 12 büyük yumurta

Talimatlar :

a) Fırını önceden 400 Fahrenheit dereceye ısıtın.

b) Pişirme spreyi kullanarak 12 fincanlık muffin tepsisini kaplayın.

c) Bir rende kullanarak patatesleri parçalayın ve bir kenara koyun. Büyük bir tavada zeytinyağını orta-yüksek ateşte ısıtın. 1/8 çay kaşığı tuz, 1/8 çay kaşığı biber, doğranmış tatlı patates

d) Patatesleri yumuşayana kadar yaklaşık 5-6 dakika pişirin. Isıdan çıkarın ve işlenecek kadar soğuyana kadar bir kenara koyun.

e) Her muffin kabına 1/4 bardak pişmiş patates basın. Muffin kabının tabanına ve yanlarına iyice bastırın.

f) Patatesleri pişirme spreyi ile kaplayın ve 5-10 dakika veya yanları hafifçe kızarana kadar pişirin.

g) Her tatlı patates yuvasında bir yumurtayı kırın ve kalan 1/8 çay kaşığı tuz ve 1/8 çay kaşığı biberle baharatlayın.

h) 15-18 dakika veya yumurta akları ve sarıları istenilen kıvamda pişene kadar pişirin.

i) Tavadan çıkarmadan önce soğuması için 5 dakika bekletin. Hizmet edin ve eğlenin!

19. Beyaz peynir ve yeşilliklerle frittata

Verim: 8 porsiyon

İçindekiler :

- 1 yemek kaşığı zeytinyağı
- 1 küçük sarı soğan, doğranmış
- 2 diş sarımsak, kıyılmış
- 4 bardak İsviçre pazı, şeritler halinde kesilmiş
- 8 büyük yumurta
- 1/4 çay kaşığı karabiber
- 1/2 su bardağı yağı azaltılmış beyaz peynir, ufalanmış
- 2 yemek kaşığı taze maydanoz, doğranmış

Talimatlar :

a) Fırını önceden 350 Fahrenheit dereceye ısıtın.

b) Orta-yüksek ateşte, fırına dayanıklı büyük bir tavayı ısıtın. Soğanı 3-4 dakika veya yumuşayana kadar soteleyin.

c) 3-4 dakika daha veya pazı solana kadar pişirin.

d) Bu arada geniş bir karıştırma kabında yumurtaları ve karabiberi birlikte çırpın.

e) Yeşillik ve soğan karışımını bir karıştırma kabında yumurtalarla karıştırın. Beyaz peyniri yumurtalı karışımın içine atın.

f) Yumurta karışımını fırına dayanıklı tavaya geri koyun ve frittataların yapışmasını önlemek için karıştırın.

g) Fırını önceden 350°F'ye ısıtın ve tavayı 15-18 dakika veya yumurtalar sertleşene kadar pişirin.

h) Fırından çıkarın, kıyılmış maydanoz serpin ve 8 porsiyona dilimlemeden önce 5 dakika bekletin. Hizmet edin ve eğlenin!

20. Lezzetli Şeytani Yumurtalar

Verim: 6 porsiyon

İçindekiler :

- 6 büyük yumurta
- 1 avokado, yarıya bölünmüş ve çekirdeği çıkarılmış
- 1/3 bardak sade yağsız Yunan yoğurdu
- 1 limonun kabuğu rendesi ve suyu
- 1 yemek kaşığı Dijon hardalı
- 1/4 çay kaşığı karabiber
- 1 yemek kaşığı kıyılmış frenk soğanı

Talimatlar :

a) Büyük bir tencerede yumurtaları kırın ve üzerini soğuk suyla kaplayın.

b) Kaynatın, ardından ocaktan alın. Yumurtaların tavadaki suda ıslanması için 15 dakika bekleyin.

c) Yumurtaları çıkarın ve soğuması için bir kenara koyun. Yumurtaları soyun ve uzunlamasına ikiye bölün.

d) Bir mutfak robotunda 3 yumurta sarısını birleştirin. Kalan yumurta sarılarını başka bir amaç için saklayın veya atın.

e) Bir mutfak robotunda avokado, Yunan yoğurdu, limon kabuğu rendesi ve suyu, Dijon hardalı ve karabiberi yumurta sarısıyla birleştirin. Tamamen pürüzsüz olana kadar her şeyi birlikte karıştırın.

f) Yumurta aklarını servis tabağına alın ve yumurta sarısı karışımını fermuarlı bir torbaya koyun. Yumurta sarısı karışımını yumurta aklarının alt köşelerinden birini keserek sıkın.

g) Acılı yumurtaların üzerine doğranmış frenk soğanı serpin. Hizmet edin ve eğlenin!

21. Üstüne Balkabağı Krep

Verim: 12 porsiyon

İçindekiler :

- 1 1/2 su bardağı yağsız süt
- 1 su bardağı konserve kabak püresi
- 1 yumurta
- 5 yemek kaşığı esmer şeker, bölünmüş
- 2 yemek kaşığı bitkisel yağ
- 1 çay kaşığı vanilya özü
- 1 su bardağı tam buğday unu
- 1 fincan çok amaçlı un
- 2 yemek kaşığı kabartma tozu
- 1 1/2 çay kaşığı tarçın, bölünmüş
- 1 çay kaşığı yenibahar
- 1/2 çay kaşığı hindistan cevizi
- 1/4 çay kaşığı tuz
- 3 elma, soyulmuş ve doğranmış

Talimatlar :

a) Büyük bir karıştırma kabında süt, balkabağı, yumurta, 3 yemek kaşığı esmer şeker, yağ ve vanilyayı birleştirin.

b) Buğday unu, çok amaçlı un, kabartma tozu, 1 çay kaşığı tarçın, yenibahar, hindistan cevizi ve tuzu ayrı bir kapta birleştirin.

c) Balkabağı karışımını kuru malzemelerle karıştırın : yeni eklenene kadar, fazla karıştırmamaya dikkat edin.

d) Küçük bir tencerede 3 yemek kaşığı suyu orta ateşte ısıtın. Kalan 2 yemek kaşığı esmer şeker ve 1/2 çay kaşığı tarçın ile doğranmış elmaları atın. 8-12 dakika veya elmalar yumuşayana kadar ısıtın.

e) Elmaları ocaktan alın ve iri bir elma püresi oluşana kadar patates ezici veya çatalla ezin. Denklemden çıkarın.

f) Bu arada yapışmaz bir tavayı veya ızgarayı pişirme spreyi ile kaplayın ve orta-yüksek ateşte ısıtın.

g) Hazırlanmış bir tava veya ızgara üzerine gözleme başına 1/4 fincan gözleme hamuru dökün.

h) Kreplerin her tarafı 2-3 dakika veya altın rengi kahverengi olana kadar pişirilmelidir.

i) Üzerine haşlanmış elma karışımını ekleyerek servis yapın ve tadını çıkarın!

22. Havuçlu ve Patatesli Krep

Verim: 6 porsiyon

İçindekiler :

- 2 büyük kırmızı patates, soyulmuş
- 2 büyük havuç, soyulmuş
- 1 küçük sarı soğan, soyulmuş
- 4 yumurta akı, dövülmüş
- 3 yemek kaşığı çok amaçlı un
- 1 çay kaşığı kabartma tozu
- Yapışmaz pişirme spreyi
- İsteğe bağlı 3/4 bardak şekersiz elma sosu

Talimatlar :

a) Soyulmuş patates, havuç ve soğanı rendenin büyük tarafıyla rendeleyin.

b) Lavabonun üzerine bir kağıt havlu kullanarak rendelenmiş sebzelerin fazla suyunu sıkın.

c) Büyük bir karıştırma kabında süzülmüş sebzeleri birleştirin.

d) Patates karışımını çırpılmış yumurta aklarıyla birleştirin.

e) Unu, kabartma tozunu ve tuzu patates karışımıyla birlikte karıştırın.

f) Yapışmaz bir tavaya pişirme spreyi sıkın ve orta ateşte ısıtın.

g) Her gözleme arasında 1 inç boşluk bırakarak, 1/4 fincan patates karışımını ızgaraya bırakın. fırında 3 dakika

h) Çevirin ve diğer tarafta 3 dakika daha veya altın kahverengi olana kadar pişirin. Patates karışımının geri kalanıyla aynı işlemi tekrarlayın.

i) Sert.

23. Kahvaltı Hash bardakları

Porsiyon: 12

İçindekiler :

- Pişirme spreyi
- 3 su bardağı dondurulmuş hash browns, çözülmüş
- 5 dilim hindi pastırması
- 1 $\frac{1}{2}$ bardak düşük kolesterollü yumurta yerine
- 1 su bardağı yağı azaltılmış rendelenmiş kaşar peyniri
- 3 yemek kaşığı yağsız margarin
- $\frac{1}{4}$ bardak doğranmış soğan
- $\frac{1}{4}$ bardak doğranmış dolmalık biber karabiber

Talimatlar

a) Fırını önceden 400 Fahrenheit dereceye ısıtın. Kullanmadan önce kahverengilerin oda sıcaklığına gelmesini bekleyin. Pişirme spreyi ile bir muffin kalıbı hazırlayın.

b) Pastırmayı hazırlayın. Servis etmeden önce soğumasını bekle.

c) Haşlanmış kahverengileri, tuzu ve karabiberi birlikte karıştırın. 12 muffin kabı, eşit olarak bölünmüş

d) 400 derecede 15 dakika veya hafifçe kızarıncaya kadar pişirin. Çanağı fırından çıkarın.

e) Bu arada yumurtaları, peyniri, soğanı ve dolmalık biberi birlikte çırpın.

f) Pastırmayı kesin ve muffin kaplarındaki kahverengi karışımın üzerine katlayın.

g) Yumurta karışımını muffin kaplarına eşit şekilde kaşıklayın. Fırını önceden 350°F'ye ısıtın ve 13 ila 15 dakika pişirin. Sert.

24. Peynirli ve Sebzeli Frittata

Porsiyon : 6

İçindekiler :

- 6 büyük yumurta
- 2 yemek kaşığı tam buğday unu
- 1 çay kaşığı karabiber
- 1 orta boy soğan, ½ inçlik parçalar halinde kesilmiş
- 1 su bardağı taze veya dondurulmuş ıspanak, ½ inçlik parçalar halinde kesilmiş
- 1 su bardağı kırmızı ve/veya yeşil dolmalık biber, ½ inçlik parçalar halinde kesilmiş
- 1 bardak taze mantar, dilimlenmiş
- 1 diş sarımsak, ince doğranmış
- 2 yemek kaşığı taze fesleğen yaprağı
- ⅓ bardak yarım yağlı mozzarella peyniri, rendelenmiş
- Pişirme spreyi

Talimatlar

a) Fırını (geleneksel veya ekmek kızartma makinesi fırını) kızartmak için önceden ısıtın.

b) Geniş bir karıştırma kabında yumurtaları köpürene kadar çırpın, ardından tam buğday unu, karabiber ve kabartma tozunu ekleyin.

c) Ağır bir tavayı fırına dayanıklı bir sapla pişirme spreyi ile kaplayın ve orta ateşte ısıtın.

d) Soğanı ekleyip yumuşayana kadar soteleyin, ardından ıspanağı, dolmalık biberi ve mantarları ekleyip 2-3 dakika daha pişirmeye devam edin.

e) Sarımsak ve fesleğeni ekledikten sonra 1 dakika pişirin. Eşyaların yanmasını önlemek için sürekli karıştırın.

f) Yumurta karışımını tavaya dökün ve sebzeleri de ekleyerek karıştırın.

g) 5-6 dakika veya yumurta karışımı dibe çökene ve üstte kalmaya başlayana kadar pişirin.

h) Rendelenmiş peyniri ekleyip kaşığın arkasıyla yumurtaların altına yavaşça bastırın ki fırında yanmasın.

i) Fırını önceden ısıtın ve 3-4 dakika veya altın rengi ve kabarık olana kadar pişirin.

j) Tavadan çıkarın ve 6 parçaya bölün.

25. Siyah Fasulyeli Brownie Lokmaları

Verim: 16 porsiyon

İçindekiler :

- 3/4 bardak düşük sodyumlu siyah fasulye, süzülmüş
- 1/4 bardak şekersiz elma püresi
- 1/4 bardak kanola yağı
- 2 büyük yumurta akı
- 1 büyük yumurta
- 1/2 su bardağı paketlenmiş esmer şeker
- 1 çay kaşığı vanilya özü
- 1/4 su bardağı şekersiz kakao tozu
- 1/3 su bardağı tam buğday unu
- 1/2 çay kaşığı kabartma tozu
- 1/2 çay kaşığı tuz
- 1/2 su bardağı yarı tatlı çikolata parçacıkları

Talimatlar :

a) Fırını önceden 350 Fahrenheit dereceye ısıtın.

b) Siyah fasulyeyi, elma püresini ve kanola yağını bir karıştırıcıda pürüzsüz hale gelinceye kadar karıştırın. Büyük bir karıştırma kabına yumurta aklarını, yumurtayı, şekeri ve vanilyayı ekleyin ve karıştırmak için çırpın.

c) Ayrı bir kapta kakao tozu, un, kabartma tozu ve tuzu birleştirin.

d) Un karışımını siyah fasulye karışımıyla hamur pürüzsüz hale gelinceye kadar çırpın. Çikolata parçaları katlanmalıdır.

e) Fırını önceden 350°F'ye ısıtın ve 20-25 dakika veya ortasına batırdığınız bıçak temiz çıkana kadar pişirin.

f) 16 parçaya bölüp servis yapmadan önce tamamen soğumasını bekleyin!

26. Floransa Tatlı Patatesi

Verim: 4 porsiyon

İçindekiler :

- 4 orta boy tatlı patates
- 2, 10 onsluk paketler ıspanak
- 1 yemek kaşığı zeytinyağı
- 1 arpacık soğanı, kıyılmış
- 2 diş sarımsak, kıyılmış
- 6 adet güneşte kurutulmuş domates, doğranmış
- 1/4 çay kaşığı tuz
- 1/4 çay kaşığı karabiber
- 1/4 çay kaşığı kırmızı biber gevreği
- 1/2 su bardağı yarım yağlı ricotta peyniri

Talimatlar :

a) Fırını önceden 400 Fahrenheit dereceye ısıtın.

b) Tatlı patatesleri çatalla deldikten sonra hazırlanmış bir fırın tepsisine yerleştirin.

c) 45-60 dakika veya patatesler pişene kadar pişirin. Soğutma için zaman tanıyın.

d) Patatesleri bıçakla ortadan ikiye bölün ve patateslerin içini çatalla kabartıp bir kenara koyun.

e) Büyük bir sote tavasında yağı orta ateşte ısıtın. 2-3 dakika veya arpacık soğanlar yumuşayana kadar pişirin.

f) 30 saniye daha veya sarımsak aromatik hale gelinceye kadar pişirin.

g) Büyük bir karıştırma kabında süzülmüş ıspanak, domates, tuz, karabiber ve pul biberi birleştirin. 2 dakika daha pişirin.

h) Ateşten alın ve soğuması için bir kenara koyun.

i) Ricotta peynirini ıspanak karışımına ekleyin.

j) Ispanak karışımını bölünmüş tatlı patateslerin üzerine servis edin. Eğlence!

27. Havuçlu Muffin Üstleri

Verim: 24 porsiyon

İçindekiler :

- 2 1/4 bardak eski moda yulaf
- 1 su bardağı tam buğday unu
- 1/2 su bardağı öğütülmüş keten tohumu
- 2 çay kaşığı tarçın
- 1/2 çay kaşığı hindistan cevizi
- 1/2 çay kaşığı karbonat
- 1/2 çay kaşığı tuz
- 1 su bardağı şekersiz elma püresi
- 1/2 bardak bal veya saf akçaağaç şurubu
- 1 büyük yumurta
- 2 çay kaşığı vanilya özü
- 1/4 bardak tuzsuz tereyağı, eritilmiş
- 2 orta boy havuç, rendelenmiş
- 1 büyük elma, rendelenmiş

Talimatlar :

a) Fırını önceden 350 Fahrenheit dereceye ısıtın.

b) İki fırın tepsisini parşömen kağıdıyla kaplayın.

c) Yulaf, un, keten tohumu, tarçın, hindistan cevizi, karbonat ve tuzu geniş bir karıştırma kabında birleştirin.

d) Orta boy bir karıştırma kabında elma püresi, bal, yumurta ve vanilya özünü birleştirin. Tereyağını eritip karışıma ekleyin.

e) Islak ve kuru bileşenleri birlikte karıştırarak birleştirin. Büyük bir karıştırma kabında rendelenmiş havuç ve elmayı birleştirin.

f) Hamuru hazırlanan fırın tepsisine alın ve 1/4 bardak ölçüsüyle düzleştirin.

g) 14-15 dakika veya hafifçe kızarıp sertleşene kadar pişirin. Servis etmeden önce soğumasını bekle.

28. Minyatür Cevizli Tartlar

Verim: 15 porsiyon

İçindekiler :

- 1 yemek kaşığı tereyağı, eritilmiş
- 1 büyük yumurta
- 4 çay kaşığı esmer şeker
- 2 yemek kaşığı bal
- 1/4 çay kaşığı vanilya özü
- 1/2 bardak ceviz, doğranmış
- 15 adet mini yufka kabuğu

Talimatlar :

a) Fırını önceden 350 Fahrenheit dereceye ısıtın.

b) Orta boy bir karıştırma kabına cevizler ve yufka kabukları hariç tüm malzemeleri ekleyin ve iyice karıştırın. Kıyılmış cevizleri ekleyin ve iyice karıştırın.

c) Küçük pasta kabuklarını bir fırın tepsisine eşit bir tabaka halinde yerleştirin. Her kabuğu yarıya kadar cevizli karışımla doldurun. Karışım kalırsa tüm kabuklara eşit şekilde dağıtın.

d) 10-15 dakika pişirin. Servis etmeden önce soğumasını bekle.

29. Kakaolu saç keki

Porsiyon : 12

İçindekiler :

- ¾ bardak un, elenmiş
- ¼ fincan kakao
- ¼ bardak şeker
- 10 yumurta akı
- 1 çay kaşığı tartar kreması
- 1 su bardağı şeker

Talimatlar

a) Fırını önceden 350 Fahrenheit dereceye ısıtın.

b) Unu, kakaoyu ve 14 su bardağı şekeri birlikte eleyin.

c) Yumurta aklarını ayrı bir kapta köpürene kadar çırpın. Tartar kremasını katılaşana ancak kuruyana kadar çırpın. Bir seferde 1 yemek kaşığı, bir bardak şekeri katlayın.

d) Vanilya ekstraktını karıştırın. Elenmiş unlu karışımdan az miktarda hamurun üzerine dökün. Un karışımının tamamı kullanılıncaya kadar işlemi tekrarlayın.

e) Hamuru yağlanmamış 9 inçlik bir tüp tavaya dökün ve 45 dakika pişirin.

f) Soğutmak için kalıbı ters çevirin ve pastayı fırından çıkardıktan sonra yaklaşık 12 saat boyunca baş aşağı asın.

30. Süzme peynirli cheesecake

Porsiyon: 8

İçindekiler kabuk için

- ¼ bardak sert margarin
- 1 su bardağı az yağlı graham kraker kırıntısı
- 2 yemek kaşığı beyaz şeker
- ¼ yemek kaşığı tarçın

Kek için malzemeler

- 2 su bardağı az yağlı süzme peynir, püre
- 2 yumurta
- 3 yemek kaşığı çok amaçlı un
- 1 çay kaşığı vanilya özü
- ⅔ bardak beyaz şeker VEYA ⅓ bardak Şeker Karışımı

Talimatlar

a) Fırını önceden 325 Fahrenheit dereceye ısıtın.

b) Tereyağını eritin. Graham kraker kırıntılarını, şekeri ve tarçını bir karıştırma kabında birleştirin. 10 inçlik yaylı bir tavayı hamurun yarısına kadar doldurun.

c) Süzme peynirini bir mutfak robotunda karıştırın.

d) Süt, yumurta, un, vanilya ve şekeri iyice karışana kadar karıştırın. Karışımı pasta kabuğunun içine dökün.

e) Fırında 60 dakika pişirin. Servis yapmadan önce tamamen soğumasını bekleyin.

31. Mikro Yeşil Doldurulmuş Yumurta

SERVİS 9

İçindekiler

- 9 yumurta
- 1/4 bardak mayonez
- 2 yemek kaşığı yumuşak tofu
- tutam tuz
- 2 yemek kaşığı doğranmış turp mikro yeşillikleri
- 3 çay kaşığı hazır hardal
- İsteğe göre 2 dilimlenmiş taze turp

Talimatlar

- Yumurtaları hazır olana kadar sert bir şekilde kaynatın - 9-11 dakika
- Yumurtaları soyun ve dikkatlice ikiye bölün.
- Sarı merkezlerini çıkarın ve küçük bir kaseye koyun. Malzemelerin geri kalanını ekleyin (dilimlenmiş turplar hariç) ve iyice karıştırın.
- Dolguyu tekrar yumurtalara dökün ve üzerine bir dilim taze turp ve birkaç dal mikro yeşillik ekleyin.

32. Bezelye Vur Krep

İçindekiler

- 3 büyük organik yumurta
- 1 su bardağı süzme peynir
- 2 yemek kaşığı sızma zeytinyağı
- 1/2 su bardağı garbanzo fasulyesi (nohut) unu
- 1 diş sarımsak, kıyılmış
- 2 çay kaşığı limon kabuğu rendesi
- 1/2 çay kaşığı tuz
- 1 su bardağı kıyılmış bezelye filizi
- 3 yemek kaşığı doğranmış frenk soğanı

Talimatlar

a) Bir mutfak robotu veya blenderde yumurtaları, süzme peyniri, yağı, unu, sarımsağı, limon kabuğu rendesini ve tuzu karıştırın. Bezelye filizleri ve frenk soğanı nabız atıyor.

b) Hafifçe yağlanmış bir tavayı orta ateşte ısıtın.

c) Gruplar halinde çalışarak, tavaya bir seferde 1/4 bardak hamur ekleyin ve krepleri üstte kabarcıklar oluşana kadar yaklaşık 2 ila 3 dakika pişirin.

d) Kreplerin alt kısmı kızarana ve ortaları tamamen pişene kadar, yaklaşık 1 dakika daha uzun süre çevirin ve pişirin.

e) Kalan hamuru hazırlarken kreplerin metal bir raf üzerinde soğumasını bekleyin.

33. Yumurta Beyazı ve Mikro Yeşiller Omlet

İçindekiler

- 2 yumurta akı
- Tuz ve karabiberi sıkın
- 2 çay kaşığı Süt
- Pişirme spreyi

Talimatlar

a) İki yumurta beyazını ve 2 çay kaşığı sütü birlikte çırpın.

b) Karışımı hafif bir pişirme spreyi tabakasıyla tavaya ekleyin ve orta ila düşük ateşte pişirin.

c) Yumurtaya pişerken biraz tuz ve karabiber ekleyin, altı pişince yumurtayı ters çevirin.

d) Diğer tarafı da bittikten sonra bir tabağa aktarın, dilimlenmiş avokado, ufalanmış keçi peyniri ve biraz taze mikro yeşilliklerle doldurun ve ikiye katlayın.

34. Pinon (Sığır muzlu omlet)

Verim: 4 Porsiyon

Bileşen

- 3 Çok olgun plantainler
- kızartmalık yağ
- 1 soğan; doğranmış
- ½ Yeşil biber; doğranmış
- 2 Diş sarımsak
- ½ pound Kıyma (genellikle atlarım)
- ¼ fincan Domates sosu
- 1 çorba kaşığı kapari
- 1 çorba kaşığı Dilimlenmiş yeşil zeytin (isteğe bağlı)
- Tuz ve biber
- ½ pound taze fasulye; taze veya dondurulmuş, 3 inçlik parçalar halinde kesilmiş
- 6 Yumurtalar
- ¼ fincan Tereyağı

Talimatlar

a) Muzları soyun, 2 inç kalınlığında uzunlamasına dilimler halinde kesin ve altın kahverengi olana kadar yağda kızartın. Çıkarın, boşaltın ve sıcak tutun. Bir tavada soğanı, yeşil biberi ve sarımsağı yumuşayana kadar ama kahverengi olmayana kadar soteleyin.

b) Kıymayı ekleyip yüksek ateşte 3 dakika kavurun. Domates sosunu dökün ve istenirse kapari ve zeytinleri ekleyin. Orta ateşte, ara sıra karıştırarak 15 dakika pişirin. Tatmak için tuz ve karabiber ekleyin. Çalı fasulyelerini yıkayın ve yumuşayana kadar buharda pişirin. Yumurtaları çırpın, tadına tuz ve karabiber ekleyin.

c) Yuvarlak bir güvecin kenarlarını ve altını yağlayın ve dibinde kalan tereyağını eritin. Çırpılmış yumurtaların yarısını dökün ve orta ateşte yaklaşık 1 dakika veya hafifçe katılaşana kadar pişirin. Yumurtaları muz dilimlerinin üçte biriyle kaplayın, ardından kıymanın yarısını ve çalı fasulyesinin yarısını katlayın. Başka bir kat plantain, kıymanın geri kalanını, başka bir kat fasulye ekleyin ve üstüne plantain ekleyin. Çırpılmış yumurtaların geri kalanını üstüne dökün. Omletin yanmamasına dikkat ederek, kapağı açık olarak 15 dakika kısık ateşte pişirin.

d) Daha sonra üst kısmı kızarana kadar önceden ısıtılmış 350 derecelik fırında 10 ila 15 dakika bekletin.

e) Pirinç ve fasulye ile servis yapın. Öğle yemeği için mükemmel.

35. Porto Rikolu pirinç unlu çörekler

Verim: 24 çörek

Bileşen

- 2 bardak Süt
- 2 ons Tereyağı
- $\frac{3}{4}$ çay kaşığı Tuz
- 2 bardak Çok ince pirinç unu
- 2 çay kaşığı Kabartma tozu
- 3 Yumurtalar
- $\frac{1}{2}$ pound Hafif beyaz peynir
- Derin kızartma için domuz yağı veya bitkisel yağ

Talimatlar

a) Bir tencerede kaynayana kadar ısıtın, "A"daki malzemeleri ocaktan alın.

b) Pirinç unu ve kabartma tozunu birleştirin ve tenceredeki içeriklerle karıştırın. Yumurtaları birer birer ekleyin ve karıştırın.

c) Karışım sos kabının yanlarından ve tabanından ayrılıncaya kadar, tahta kaşıkla sürekli karıştırarak, orta ateşte pişirin.

d) Ateşten alın. Peyniri çatalla ezip ekleyin. İyice karıştırın.

e) Karışımı kahverengi olana kadar 375F'ye ısıtılmış yağa kaşıkla damlatın. Emici kağıt üzerinde çıkarın ve boşaltın.

36. Porto Riko Flan de queso

Verim: 4 Porsiyon

Bileşen

- 4 Büyük yumurtalar
- 1 can (14 Oz) Yoğunlaştırılmış Süt; Şekerli
- 1 can (12 oz.) Buharlaştırılmış Süt
- 6 ons Krem peynir
- 1 çay kaşığı Vanilya Özü

Talimatlar

a) Yumurta, süt ve vanilyayı birlikte karıştırın.

b) Krem peyniri yumuşatıp diğer malzemelerle karıştırın. Krem peyniri fazla karıştırmamaya dikkat edin, aksi takdirde turtanın içinde hava kabarcıkları oluşmasına neden olur.

c) Yarım su bardağı şekeri kısık ateşte, şeker sıvılaşıncaya kadar pişirerek karamel hazırlayın. Bunu yapmak için metal bir kap kullanın.

d) Tavaya/ramekine altını kaplayacak kadar karamel çevirin.

e) Şeker sertleşince 1. ve 2. Tarifte hazırladığınız harcı tavaya/ramekine dökün.

f) tavayı/ramekini benmari usulü yerleştirin. Malzemelerin bulunduğu tava/ramekin $\frac{3}{4}$'ü suya batırılmalıdır.

g) Yaklaşık $\frac{1}{2}$ saat boyunca 325 Fahrenheit derecede pişirin. Börek, içine batırılan bıçak/kürdan temiz çıktığında pişmiş demektir.

37. Porto Riko köfte

Verim: 1 Porsiyon

Bileşen

- 1 pound Kıyma
- 1 Yumurta
- 1 küçük Doğranmış soğan
- Sarımsak tuzu
- Maydanoz
- ½ fincan Galeta unu
- ½ fincan Süt
- 1 çorba kaşığı Hardal
- 2 Dana bulyon küpleri
- 1 çorba kaşığı Worcestershire sos
- 5 Havuç ama uzunlamasına
- 1 can Domates suyu
- 2 ortam Patates

Talimatlar

a) Kıyma, yumurta, soğan, sarımsak tuzu, maydanoz, galeta unu, süt ve hardal paketini iyice karıştırın.

b) Baharatlı unu kırmızı biber, tuz ve karabiberle yuvarlayın. Elektrikli tavada her tarafı kızaracak şekilde kızartın. Bulyon küplerini, Worcestershire sosunu, havuçları, domates suyunu ve patatesleri ekleyin.

c) Tamamen etle kaplı olarak yaklaşık 1 saat 15 dakika veya iyice pişene kadar pişirin.

38. Füme balıkla doldurulmuş avokado

Verim: 4 porsiyon

Bileşen

- 4 Sert pişmiş yumurta
- ¼ fincan Süt
- ¼ fincan Süzülmüş taze limon suyu
- ¼ çay kaşığı Şeker
- ½ çay kaşığı Tuz
- ⅓ bardak Sebze yağı
- 2 yemek kaşığı Zeytin yağı
- ½ pound Füme beyaz balık
- 2 büyük Olgun avokado
- 12 Taze kırmızı biber şeritleri

Talimatlar

a) Derin bir kapta yumurta sarılarını ve sütü bir kaşık veya çatal yardımıyla pürüzsüz bir macun kıvamına gelinceye kadar ezin. 1 yemek kaşığı limon suyunu, şekeri ve tuzu ekleyin.

b) Daha sonra bitkisel yağı, bir seferde bir çay kaşığı kadar çırpın; Daha fazlasını eklemeden önce her eklemenin emildiğinden emin olun. Sürekli çırparak, çay kaşığı kadar zeytinyağını ekleyin. Kalan limon suyunu sosun içine karıştırın ve baharat için tadın.

c) Balıkları bir kaseye alın ve çatalla ince ince doğrayın. Kıyılmış yumurta aklarını ve sosu ekleyin ve yavaşça ama iyice karıştırın.

d) Balık karışımını avokado yarımlarına dökün

39. Füme somonlu fırında yumurta

Verim: 2 porsiyon

Bileşen

- 2 yemek kaşığı Tereyağı
- 3 yemek kaşığı Yumuşak ekmek kırıntıları
- 2 Yumurtalar
- 1 Diş sarımsak; kıyılmış
- 2 ons Krem peynir
- 2 ons Füme Somon; dilimlenmiş
- 2 ons Keskin kaşar peyniri; rendelenmiş
- 1 domates; kalın dilimlenmiş

Talimatlar

a) Tereyağlı güveçler . Her birinin altına ve yanlarına 2 ila 3 çay kaşığı ekmek kırıntısı bastırın. Kalan kırıntıları 1 T. tereyağıyla karıştırın, ayırın. Her yemeğe bir yumurta kırın. Sarımsakları krem peynirle ezin ve yavaşça yumurtaların üzerine yerleştirin. Gerektiğinde uzun şeritleri katlayarak füme somon ekleyin.

b) Somonun üzerine rendelenmiş kaşarı serpin. Her yemeğin üzerine 1 dilim yağlı domates koyun. Ekmek kırıntılarının yarısını her yemeğin üzerine ufalayın ve 350 derecelik fırında 8 ila 15 dakika pişirin, ardından üst kısımları kızarana ve hafif gevrekleşinceye kadar 2 ila 3 dakika kızartın. Hemen servis yapın.

40. Haşlanmış yumurta ve füme somon

Verim: 4 porsiyon

Bileşen

- ½ fincan Ekşi krema
- 3 yemek kasigi doğranmış frenk soğanı
- 2 yemek kaşığı Beyaz şarap
- tuz; tatmak
- taze çekilmiş karabiber; tatmak
- 4 büyük yumurtalar
- 4 büyük yeni pişmiş patates
- 4 ons Füme Somon; jülyen edilmiş
- 1 doğranmış frenk soğanı
- 1 ince doğranmış kırmızı soğan havyar

Talimatlar

a) Küçük bir kapta ekşi krema, frenk soğanı ve beyaz şarabı birleştirin; Tuz ve karabiberle tatlandırın. Bir kenara koyun. Sığ bir tencerede veya tavada 2 inç soğuk su ve sirkeyi orta ateşte kaynatın.

b) Su yavaşça kaynayana kadar ısıyı azaltın. Yumurtaları teker teker bir ramekin veya kahve fincanına kırın. Ramekini suya mümkün olduğunca yakın tutarak yumurtayı yavaşça suya kaydırın. Yumurtaları çok yumuşak pişirmek için 3 dakika, orta yumuşaklık için 5 dakika haşlayın.

c) Oluklu bir kaşık kullanarak yumurtaları çıkarın. Gerekirse kağıt havluyla hafifçe kurulayın. Fırında patateslerin üstünü açın ve dilimleyin. Üzerine yumurtaları ve çapraz somon şeritlerini ekleyin. Sıkma şişesi veya çay kaşığı kullanarak ekşi krema sosunu somonun üzerine ve patateslerin etrafına gezdirin.

d) Frenk soğanı, soğan ve havyarla dekoratif bir şekilde süsleyip hemen servis yapın.

41. Korunmuş yumurta sarısı

İçindekiler

- 1½ su bardağı şeker
- 1½ bardak koşer tuzu
- 8 yumurta

Talimatlar

a) 1 bardak şekeri ve 1 bardak tuzu, 8 inçlik kare bir tavanın veya dokunmadan sekiz yumurta sarısını alabilecek kadar büyük bir kabın dibinde birleştirin.

b) Tuz ve şeker küründe eşit aralıklı sekiz girinti oluşturmak için çorba kaşığının arkasını kullanın. Çok derin kazmayın; sarının alt kısmının her kısmının şeker ve tuza temas etmesini istiyorsunuz.

c) Ayrı bir tabakta bir yumurtayı ayırın. Yumurta sarısını dikkatlice girintilerden birine aktarın ve yumurta beyazını başka bir kullanım için saklayın. Yumurtaların geri kalanıyla aynı şeyi yapın, birer birer. Yanlışlıkla yumurta sarısını kırarsanız sorun olmaz, ancak onları sağlam tutmak en iyisidir.

d) Kalan ½ bardak şekeri ve ½ bardak tuzu küçük tepecikler oluşturacak şekilde sarıların üzerine yavaşça dökün. Sarılarının tamamen kaplandığından emin olun.

e) Tabağı veya kabı sıkı bir kapakla veya plastik ambalajla kapatın. Dikkatlice buzdolabına kaldırın ve sarıların 4 gün boyunca kurumasını bekleyin.

f) Bir fırın tepsisine tel raf yerleştirin. Sarıları rafa yerleştirin, ardından tavayı fırına kaydırın. Kurumasını bekleyin ve kürlemeyi 35 dakika boyunca tamamlayın. Artık sarılarınız kullanıma hazır.

42. Tuzlu yumurta

İçindekiler

- 6 yumurta
- ¾ bardak koşer tuzu
- 3 bardak su

Talimatlar

a) Doğrudan güneş ışığından uzak, serin ve uzak bir yerde, sabit bir yüzey üzerine kapaklı 3 litrelik (veya daha büyük) bir kap yerleştirin. Bütün yumurtaları dikkatlice kabın içine yerleştirin, giderken kırmamaya dikkat edin.

b) Tuz ve suyu bir sürahide birleştirin ve bulanık bir salamura elde edene kadar karıştırın. Yumurtaların üzerini tamamen kaplayacak şekilde salamurayı yavaşça dökün.

c) Yumurtaların en az 5 hafta boyunca salamurada beklemesine izin verin. 12 hafta sonra tadını çıkaramayacak kadar tuzlu olacaklar. Yumurtalarda görsel olarak herhangi bir değişiklik olmayacaktır.

d) Yumurtaları pişirmek için ocağın üstüne küçük bir tencere koyun. Yumurtaları salamuradan yavaşça çıkarın ve dikkatlice tencerenin dibine yerleştirin.

e) Yumurtaların üzerini tamamen kaplayacak şekilde bir sürahi temiz su dökün. Tencerenin kapağını kapatıp yüksek ateşte su hızla kaynayana kadar pişirin. Isıyı kapatın, tencereyi kapalı tutun ve zamanlayıcıyı 6 dakikaya ayarlayın.

f) Süre dolduğunda yumurtaları hemen boşaltın ve elle tutulabilecek kadar soğuyana kadar soğuk su altında tutun. Hemen kullanın veya 1 haftaya kadar buzdolabında saklayın.

g) Servis yapmak için, kabuğun her tarafını kıracak şekilde bir yumurtayı yavaşça yuvarlayın. Yumurtayı soyun. Beyazı sabit fakat yumuşak olacak, sarısı ise çok sert ve parlak olacaktır. Yumurtaları bütün olarak yiyin, uzunlamasına ikiye bölün veya doğrayın.

43. Dumanlı soya soslu yumurta

Bileşen

- 6 yumurta
- 1½ su bardağı su
- 1 su bardağı soya sosu
- 2 yemek kaşığı pirinç sirkesi
- 2 yemek kaşığı şeker
- 4 çay kaşığı lapsang souchong çayı, kolay çıkarılması için bir çay poşeti veya çay topu içinde

Talimatlar

1. Yumurtaları orta boy bir tencereye dikkatlice tek kat halinde yerleştirin ve üzerini 2 inç su ile örtün. Tencerenin kapağını kapatıp yüksek ateşte su hızla kaynayana kadar pişirin. Isıyı kapatın, tencereyi kapalı tutun ve zamanlayıcıyı 6 dakikaya ayarlayın. Süre dolduğunda yumurtaları hemen boşaltın ve elle tutulabilecek kadar soğuyana kadar soğuk su altında tutun.

2. Tencereyi tekrar ocağa alıp su, soya sosu, sirke, şeker ve çayı ekleyin. Bu salamurayı kaynatın, şekeri eritmek için karıştırın. Isıyı kapatın ve sıcak tutmak için salamurayı örtün.

3. Bu arada mermer görünümlü bir yumurta için yumurta kabuklarını kırın veya pürüzsüz bir görünüm ve daha fazla

soya sosu aroması için tamamen soyun. Yumurta kabuğunu kırmak için üstünü ve altını yavaşça tezgaha vurun ve ardından yan tarafı boyunca yuvarlayın. Yumurtaları tamamen soyuyorsanız, en iyi sonuçları elde etmek için yumurtaları kabuğun altında küçük bir boşluk göreceğiniz büyük, yuvarlak üst kısmından soymaya başlayın.

4. Çatlamış veya soyulmuş yumurtaları $1\frac{1}{2}$ litrelik konserve kavanozuna yerleştirin. Çayı atın ve yumurtaların tamamen suya batması için salamurayı yumurtaların üzerine dökün. Yumurtalar yüzüyorsa, su dolu küçük bir kilitli torba ile onları tartın.

5. Yumurtaların üzerini kapatın ve salamuranın tadını almaları için en az 6 saat buzdolabında saklayın.

44. Köri turşusu yumurta

Bileşen

- 6 yumurta
- 2 yemek kaşığı kimyon tohumu
- 2 çay kaşığı öğütülmüş kişniş
- $1\frac{1}{2}$ su bardağı su
- 1 su bardağı elma sirkesi
- 3 diş sarımsak, ezilmiş ve soyulmuş
- 3 ince dilim taze zencefil
- 2 çay kaşığı öğütülmüş zerdeçal
- 2 çay kaşığı karabiber
- 2 çay kaşığı koşer tuzu

Talimatlar

a) Yumurtaları orta boy bir tencereye dikkatlice tek kat halinde yerleştirin ve üzerini 2 inç su ile örtün. Tencerenin kapağını kapatıp yüksek ateşte su hızla kaynayana kadar pişirin. Isıyı kapatın, tencereyi kapalı tutun ve zamanlayıcıyı 6 dakikaya ayarlayın.

b) Kimyonu ve kişnişi ekleyin ve orta ateşte, sık sık karıştırarak, kokusu çıkana kadar yaklaşık $2\frac{1}{2}$ dakika kızartın. Pişirmeyi durdurmak için hemen $1\frac{1}{2}$ bardak su ekleyin, ardından sirke, sarımsak, zencefil, zerdeçal, karabiber ve tuzu ekleyin. Isıyı en yükseğe getirin ve salamurayı kaynatın.

c) Bu arada, üstünü ve altını tezgaha hafifçe vurarak bir yumurta kabuğunu kırın ve ardından yan tarafı boyunca yuvarlayın.

d) Soyulmuş yumurtaları $1\frac{1}{2}$ litrelik konserve kavanozuna yerleştirin. Yumurtaları salamuraya batırmak için salamurayı (katıları dahil) yumurtaların üzerine dökün.

e) Yumurtaların üzerini kapatın ve salamuranın tadını almaları için en az 4 gün buzdolabında saklayın.

45. Pancar turşusu yumurta

Bileşen

- 6 yumurta
- 1 çok küçük kırmızı pancar, soyulmuş ve dörde bölünmüş
- 1 diş sarımsak, ezilmiş ve soyulmuş
- 2 çay kaşığı şeker
- 2 çay kaşığı koşer tuzu
- 1 çay kaşığı karabiber
- $\frac{1}{2}$ çay kaşığı kereviz tohumu
- $\frac{1}{2}$ çay kaşığı dereotu tohumu
- $\frac{1}{4}$ çay kaşığı kırmızı biber gevreği (isteğe bağlı)
- 2 bütün karanfil
- 1 küçük defne yaprağı
- $1\frac{1}{2}$ su bardağı su
- $\frac{3}{4}$ su bardağı elma sirkesi

Talimatlar

a) Yumurtaları orta boy bir tencereye dikkatlice tek kat halinde yerleştirin ve üzerini 2 inç su ile örtün. Tencerenin kapağını kapatıp yüksek ateşte su hızla kaynayana kadar pişirin. Isıyı kapatın, tencereyi kapalı tutun ve zamanlayıcıyı 6 dakikaya ayarlayın.

b) Pancar, sarımsak, şeker, tuz, karabiber, kereviz tohumu, dereotu tohumu, biber gevreği, karanfil, defne yaprağı, su ve sirkeyi tencerede yüksek ateşte birleştirin. Bu salamurayı kaynatın, şekeri ve tuzu eritmek için karıştırın.

c) Bu arada, bir yumurta kabuğunu üst ve alt kısmını yavaşça tezgaha vurarak ve ardından yan tarafı boyunca yuvarlayarak kırın.

d) Soyulmuş yumurtaları $1\frac{1}{2}$ litrelik konserve kavanozuna yerleştirin. Sıcak salamurayı yumurtaların üzerine dökün

46. Füme hindili mısırlı kekler

Verim: 36 porsiyon

Bileşen

- 1½ su bardağı sarı mısır unu
- 1 su bardağı un, çok amaçlı elenmiş
- ⅓ bardak Şeker
- 1 yemek kaşığı kabartma tozu
- 1 çay kaşığı Tuz
- 1½ su bardağı Süt
- ¾ bardak Tereyağı, eritilmiş, soğutulmuş
- 2 yumurta, hafifçe dövülmüş
- Yarım kilo füme hindi göğsü, ince dilimlenmiş
- ½ bardak kızılcık aroması veya ballı hardal

Talimatlar

a) Fırını önceden 400 dereceye ısıtın. Tereyağlı mini muffin kalıpları. Mısır unu, un, şeker, kabartma tozu ve tuzu geniş bir kapta birleştirin. Orta boy bir kapta süt, tereyağı ve yumurtaları karıştırın. Süt karışımını mısır unu karışımıyla nemlendirilinceye kadar karıştırın. Mini muffin kalıplarına kaşıkla dökün.

b) Altın rengi olana kadar 14-16 dakika pişirin. Beş dakika boyunca tel ızgara üzerinde soğumaya bırakın. Tavalardan çıkarın ve tamamen soğumaya bırakın.

47. Patates krepli somon füme

Verim: 2 porsiyon

Bileşen

- 150 gram patates püresi
- 15 mililitre Beyaz un
- 30 mililitre Süt
- 2 yumurta, dövülmüş
- Tuz ve taze çekilmiş karabiber
- 1 soğan salatası; ince doğranmış
- 100 gram Füme Somon Süslemeleri
- 1 Yemek kaşığı zeytinyağı
- 225 gram hafif füme somon fileto
- 2 yumurta, haşlanmış

Talimatlar

a) Pürüzsüz bir hamur elde etmek için patates, un, süt, yumurta ve baharatları karıştırın.

b) Soğanı ve somon parçalarını karıştırın.

c) Tavayı ısıtın, biraz yağ ekleyin ve karışımdan büyük bir kaşık dökün. Karışımdan her birinin çapı 8 cm (3") olan yaklaşık 6-8 krep elde edilmelidir.

d) Her iki tarafını da orta ateşte 1-2 dakika veya altın rengi oluncaya kadar pişirin. Bir kenara koyun ve sıcak tutun.

e) Zeytinyağını bir tavada ısıtın, hafif füme somon fileto dilimlerini ekleyin ve her iki tarafını da 1'er dakika pişirin.

48. Fırında füme somon ve beyaz peynir

Verim: 2 porsiyon

Bileşen

- 3 ons Füme somon, doğranmış
- 6 ons Krem peynir, yumuşatılmış
- 3 ons Beyaz peynir
- 1 Yumurta, hafifçe dövülmüş
- 1 çay kaşığı kapari
- 2 yemek kaşığı İnce kıyılmış maydanoz
- 4 Yeşil soğan, üstü kapalı, doğranmış
- 1 çorba kaşığı Haşhaş tohumları

Talimatlar

a) Ayrıca 3 "X 8" dikdörtgen şeklinde kesilmiş 1 dondurulmuş hamur işi tabakasına ve biraz eritilmiş tereyağına ihtiyacınız olacak. Fırını 375 dereceye kadar önceden ısıtın. Orta boy bir kapta somonu, krem peyniri, beyaz peyniri, yumurtayı, kapariyi, maydanozu ve yeşil soğanı elle karıştırın. Hamur tabakasını boyutunu ikiye katlayacak şekilde açın.

b) Eritilmiş tereyağı ile serbestçe fırçalayın. Somon karışımını kağıdın üzerine yayın. Yuvarlayın, jöle rulosu tarzında, uçları kapatmak için katlayın. Rulonun üstünü eritilmiş tereyağıyla fırçalayın ve haşhaş tohumu serpin. Buharın çıkmasını sağlamak için rulo boyunca $\frac{1}{2}$ inç derinliğinde çapraz kesikler yapın. Ruloyu 20 ila 30 dakika veya altın rengi olana kadar pişirin. Sıcak servis yapın.

49. Füme somon cheesecake

Verim: 1 Porsiyon

Bileşen

- 12 ons Krem peynir, yumuşatılmış
- ½ pound Füme somon veya lox
- 3 Yumurtalar
- ½ Arpacık, kıyılmış
- 2 yemek kaşığı Yoğun krema
- 1½ çay kaşığı Limon suyu
- Tutam Tuz
- Tutam Beyaz biber
- 2 yemek kaşığı Toz şeker
- ½ fincan Sade yoğurt
- ¼ fincan Ekşi krema
- 1 çorba kaşığı Limon suyu
- ¼ fincan Kıyılmış taze soğan
- Kırmızı ve sarı biberler küp küp doğranmış

Talimatlar

a) Bir mikser kabında peyniri iyice yumuşayana kadar çırpın. Mutfak robotunda somonu püre haline getirin; yumurtaları birer birer ve arpacık soğanı ekleyin.

b) Somon karışımını kaseye yerleştirin; krema, limon suyu, tuz, karabiber ve şekeri karıştırın; iyice karıştırın. Çırpılmış krem peynire katlayın.

c) Tereyağlı 7- veya 8 inçlik yaylı bir tavaya dökün. Dolu tavayı daha büyük bir fırın tepsisine yerleştirin; 1 inç sıcak su ile daha küçük bir tavayı çevreleyin. 25 ila 30 dakika pişirin .

d) Bu arada sos yapın.

1.

50. Kaşarlı çörekler

Verim: 8 porsiyon

Bileşen

- 4 bardak Bisküvi karışımı
- $1\frac{1}{4}$ bardak Süt
- 2 Yumurtalar
- $\frac{1}{4}$ fincan Tereyağı; erimiş
- $2\frac{1}{2}$ bardak İnce rendelenmiş kaşar peyniri
- Füme hindi; ince dilimlenmiş

Talimatlar

a) Bisküvi karışımını, sütü, yumurtayı, tereyağını ve peyniri birleştirin; Malzemeler nemlenene kadar iyice karıştırın.

b) Hafifçe yağlanmış fırın tepsisine yemek kaşığı kadar dökün. Fırını 400°F'ye ısıtın; 12 ila 14 dakika veya altın kahverengi olana kadar pişirin. Fırından çıkarın ve fırın tepsisinden çıkarmadan önce hafifçe soğutun.

c) Servis yapmak için çörekleri ikiye bölün ve küçük bir dilim hindi ile doldurun.

51. Frenk soğanlı patates gözlemesi

Verim: 6 porsiyon

Bileşen

- 2 £ Kızıl Patates; soyulmuş ve küp şeklinde
- 1 orta boy soğan; parçalara ayırmak
- 2 yemek kaşığı Hamursuz Ekmek; veya Çok Amaçlı Un
- 2 Yumurtalar; ayrılmış
- 4 yemek kaşığı Taze Frenk Soğanı; doğranmış
- 2 çay kaşığı Tuz
- ½ çay kaşığı Beyaz biber
- ⅔ fincan Mısır yağı; kızartma için
- 6 ons Füme Somon; ince dilimlenmiş
- 3 ons Altın Havyar

Talimatlar

a) Patatesleri ve soğanları mutfak robotunda parçalayın. Çalışma kabının içeriğini geniş bir kaseye aktarın.

b) Büyük süzgeci orta kabın üzerine yerleştirin. Patates ve soğan karışımını bir süzgecin içine yerleştirin ve sıvıların çıkması için sıkıca bastırın; sıvı rezerve edin.

c) Patates karışımını büyük kaseye geri koyun. Matzo unu, yumurta sarısı, 2 yemek kaşığı frenk soğanı, tuz ve karabiberi karıştırın. Patates hamuruna salçayı ekleyin. Yumurta aklarını sertleşene ancak kuruyana kadar çırpın; hamurun içine katlayın.

d) 2 ağır büyük tavadan her birinde ⅓ bardak yağı orta-yüksek ateşte ısıtın. Krep başına 1 yığın çorba kaşığı patates hamurunu sıcak yağa bırakın; her birini 3" çapa kadar yayın. Krepleri dipleri kahverengi olana kadar pişirin.

52. Mısır ve füme hindi pudingi

Verim: 4 porsiyon

Bileşen

- 2 yemek kaşığı Tereyağı
- $\frac{1}{2}$ fincan İnce dilimlenmiş soğan
- 1 fincan İnce dilimlenmiş kırmızı çan Biberler
- 1 çorba kaşığı Tavuk suyunda eritilmiş mısır nişastası
- 1 fincan Hafif krema
- 4 Yumurtalar, ayrılmış
- 1 çay kaşığı Dijon hardalı
- 2 bardak Çözülmüş dondurulmuş mısır taneleri
- 1 fincan Kıyılmış füme hindi
- Tuz ve taze çekilmiş Karabiber

Talimatlar

1. Tereyağını 9 inçlik bir tavada ısıtın. Soğanları ve biberleri yumuşayana ve soğanlar biraz kahverengi oluncaya kadar pişirin.

2. Soğuyunca bunları bir karıştırma kabına aktarın ve mısır nişastası, krema, yumurta sarısı ve hardalı ekleyin. Karıştırmak için iyice çırpın.

3. Mısır ve hindiyi yumurta karışımına katlayın. Tuz ve karabiberle tatlandırın. Yumurta aklarını sert tepecikler oluşturana kadar fakat kuru olmayana kadar çırpın ve yumurta sarısı karışımına katlayın.

4. Tereyağlı pişirme kabına aktarın ve 35 ila 40 dakika veya kahverengi ve kabarık olana kadar pişirin.

5. Dilimlenmiş olgun domates ve salata sosu ile garnitür ile servis yapın.

53. Kremalı füme somon ve dereotlu tart

Verim: 6 porsiyon

Bileşen

- 5 Yaprak yufka - çözülmüş
- 3 yemek kaşığı Tuzsuz tereyağı - eritilmiş
- 4 büyük Yumurta sarısı
- 1 çorba kaşığı Dijon hardalı - PLUS 1 çay kaşığı
- 3 büyük Yumurtalar
- 1 fincan Yarı yarıya
- 1 fincan Krema
- 6 ons Füme somon - doğranmış
- 4 Yeşil soğan - doğranmış
- ¼ fincan Dereotu

Talimatlar

1. Cömertçe 9-½-inç çaplı derin tabak pasta tabağını yağlayın. Çalışma yüzeyine 1 yufka yaprağı yerleştirin. Yufkayı tereyağıyla yağlayın ve uzunlamasına ikiye katlayın.

2. Katlanmış yüzeyi tereyağıyla fırçalayın. Çapraz olarak ikiye bölün. Hazırlanan pasta tabağına 1 yufkayı tereyağlı tarafı aşağı bakacak şekilde yerleştirin. Pasta tabağındaki yufkanın üstünü tereyağıyla fırçalayın. İkinci yufka dikdörtgenini pasta tabağına yerleştirin, altını kaplayın ve hamur işinin kenardan başka bir bölümün ½ inç kadar sarkmasına izin verin; tereyağı ile fırçalayın.

3. Fırını 350F'ye önceden ısıtın. Karıştırmak için orta boy bir kapta sarıları ve hardalı çırpın. Yumurtaları, yarım buçuk, kremayı, somonu, soğanı ve doğranmış dereotu ekleyip çırpın. Tuz ve karabiberle tatlandırın. Hazırlanan kabuğun içine dökün.

4. Merkez ayarlanana kadar yaklaşık 50 dakika pişirin. Rafa aktarın. Serin.

5. Dereotu dallarıyla süsleyin ve hafif ılık veya oda sıcaklığında servis yapın.

54. Füme somonlu latkes

Verim: 1 Porsiyon

Bileşen

- 2 pound Patates, soyulmuş
- 1 yumurta
- 2 yemek kaşığı un
- ½ çay kaşığı Tuz
- Tatmak için öğütülmüş biber
- 2 ons Füme somon, kıyılmış
- 1 su bardağı yeşil soğan, doğranmış
- 3 yemek kaşığı bitkisel yağ
- Füme Somon Latkes

Talimatlar

1. Patatesleri rendeleyin ve elinizle mümkün olduğu kadar suyunu sıkın.

2. Patatesleri geniş bir karıştırma kabına koyun, un, tuz ve karabiberi ekleyin; iyice karıştırın.

3. Füme somon ve yeşil soğanı ekleyip karıştırın

4. Yemek Kaşığı dökün . kenarları sığ, fırına dayanıklı büyük bir pişirme kabına yağ; tabana yağ sürün.

5. Yağlanmış bir tabağa büyük bir çorba kaşığı patates karışımından yarım santim aralıklarla dökün, hafifçe düzleştirin.

6. Fırında yaklaşık 8 dakika veya latkes altın rengi kahverengi olana kadar pişirin.

55. Akçaağaç-Tarçınlı Yulaf Ezmeli Krep

İçindekiler

- 1½ su bardağı eski moda yulaf ezmesi
- ½ su bardağı tam buğday unu
- 1 çay kaşığı öğütülmüş tarçın
- 1 çay kaşığı kabartma tozu
- 2 su bardağı az yağlı ayran
- 2 yemek kaşığı akçaağaç şurubu
- 1 yumurta
- Pişirme spreyi

Talimatlar

1. Orta boy bir karıştırma kabında yulaf, un, tarçın ve kabartma tozunu birleştirin.

2. Büyük bir karıştırma kabında ayran, akçaağaç şurubu ve yumurtayı birlikte çırpın.

3. Kuru karışımı ıslak karışıma 2 veya 3 seferde ekleyin ve her eklemeden sonra iyice karıştırın. Karışım kabarcıklı hale gelinceye kadar 10 ila 15 dakika bekletin.

4. Yapışmaz bir tavaya pişirme spreyi sıkın ve orta ateşte ısıtın. Her gözleme için yaklaşık ¼ bardak olacak şekilde hamuru kaşıkla tavaya dökün ve yüzeyde kabarcıklar

görünene kadar 2 ila 3 dakika pişirin. Çevirin ve her gözlemenin ikinci tarafı da kızarana kadar 1 ila 2 dakika daha pişirmeye devam edin.

56. İsviçre Pazı ve Quinoa Frittata

SERVİS 6

Bileşen

- Pişirme spreyi
- ⅓ bardak baharatsız ekmek kırıntısı
- 1 yemek kaşığı zeytinyağı
- 1 orta boy soğan, doğranmış
- 2 diş sarımsak, kıyılmış
- 1 kiloluk İsviçre pazı yaprakları, sert orta sapı çıkarılmış ve ince dilimlenmiş yapraklar
- 1 yemek kaşığı kıyılmış taze kekik
- ¼ çay kaşığı kırmızı biber gevreği
- 1 bardak kinoa, pişmiş
- 1 su bardağı yarım yağlı ricotta peyniri
- ¼ çay kaşığı taze çekilmiş karabiber
- 2 yumurta, hafifçe dövülmüş

Talimatlar

1. Fırını önceden 350°F'ye ısıtın.

2. 8 x 8 inçlik bir pişirme kabına pişirme spreyi püskürtün ve ekmek kırıntılarıyla kaplayın.

3. Yağı büyük bir tavada orta-yüksek ateşte ısıtın. Soğanı ve sarımsağı ekleyin ve sık sık karıştırarak yumuşayana kadar yaklaşık 5 dakika pişirin.

4. Pazı ekleyin ve yeşillikler solana kadar sık sık karıştırarak 3 ila 4 dakika daha pişirin. Kekik ve kırmızı pul biberi ekleyip karıştırın.

5. Tavayı ocaktan alın ve pazı karışımını orta boy bir karıştırma kabına aktarın.

6. Pişmiş kinoayı, peyniri, biberi ve yumurtayı pazı karışımına karıştırın. Karışımı hazırlanan pişirme kabına aktarın ve kenarları kahverengileşene ve ortası sertleşene kadar fırında yaklaşık 1 saat pişirin.

7. Frittatayı karelere ayırmadan önce birkaç dakika soğumaya bırakın. Sıcak veya oda sıcaklığında servis yapın.

57. Keçi Peynirli Baharatlı Fırında Yumurta

4 KİŞİLİK

Bileşen

- Pişirme spreyi
- 10 ons dondurulmuş doğranmış ıspanak, çözülmüş ve kuru sıkılmış
- 4 yumurta
- ¼ bardak iri salsa
- ¼ su bardağı ufalanmış keçi peyniri
- Taze kara biber

Talimatlar

1. Fırını önceden 325°F'ye ısıtın.

2. Dört adet 6 onsluk ramekin veya muhallebi kabına pişirme spreyi püskürtün.

3. Her ramekinin altını eşit olarak bölerek ıspanakla kaplayın. Her ıspanak katmanının ortasında hafif bir girinti yapın.

4. Her ramekinde ıspanağın üzerine birer yumurta kırın. Her yumurtanın üzerine 1 yemek kaşığı salsa ve 1 yemek kaşığı keçi peyniri ekleyin. Biber serpin.

5. Ramekinleri bir fırın tepsisine yerleştirin ve beyazları tamamen pişene, ancak sarısı hala biraz akıcı olana

kadar fırında yaklaşık 20 dakika pişirin. Derhal servis yapın.

60. Sarımsaklı Mantarlı ve Peynirli Omlet

HİZMETLER 1

Bileşen

- 2 yumurta
- 1 çay kaşığı su
- Taze kara biber
- Pişirme spreyi
- ½ çay kaşığı kıyılmış sarımsak
- 4 ons dilimlenmiş düğme veya cremini mantarı
- 1 ons rendelenmiş düşük sodyumlu İsviçre peyniri
- 1 çay kaşığı kıyılmış taze maydanoz

Talimatlar

1. Küçük bir kapta yumurtaları, suyu ve karabiberi iyice birleşene kadar çırpın.

2. Küçük yapışmaz bir tavaya pişirme spreyi sıkın ve orta ateşte ısıtın. Sarımsak ve mantarları ekleyin ve sık sık karıştırarak, mantarlar yumuşayana kadar yaklaşık 5 dakika pişirin. Mantar karışımını bir kaseye aktarın.

3. Gerekirse tavaya tekrar pişirme spreyi sıkın ve orta ateşte yerleştirin. Yumurtaları ekleyin ve kenarları sertleşene kadar pişirin. Durmuş yumurtayı bir spatula yardımıyla kenarlarından merkeze doğru itin. Tavayı eğerek pişmemiş yumurtanın set yumurtanın dışına yayılmasını sağlayın. Omlet neredeyse hazır olana kadar pişirin.

4. Pişmiş mantarları omletin ortasına bir sıra halinde kaşıkla dökün. Üzerine peynir ve maydanozun yarısını ekleyin.

5. Omletin bir tarafını diğer tarafın üstüne katlayın. Peynirin erimesi için 1 dakika kadar daha pişmesine izin verin.

6. Omleti bir tabağa kaydırıp, kalan maydanozla süsleyerek hemen servis yapın.

61. Çiğnenebilir elma ayları

Verim: 18 porsiyon

Bileşen

- ¾ fincan Meyve suyu, elma – konsantre
- ½ fincan Elmalar - kurutulmuş
- 2 Yumurtalar
- ¼ fincan Tereyağı - eritilmiş ve soğutulmuş
- 1 çay kaşığı Vanilya
- 1¼ bardak Un
- ½ çay kaşığı Kabartma tozu
- ½ çay kaşığı Tarçın - öğütülmüş
- ¼ çay kaşığı Tuz
- ⅛ çay kaşığı Küçük hindistan cevizi - öğütülmüş

Talimatlar

1. Meyveyi doğrayın. Elma suyu konsantresini ve elmaları birleştirin; 10 dakika bekletin.

2. Fırını önceden 350'ye ısıtın. Yumurtaları orta boy bir kasede çırpın. Konsantre karışım, tereyağı ve vanilyayı karıştırın. Geri kalan malzemeyi ekleyin ve iyice

karıştırın. Yağlanmış kurabiye sayfalarına yemek kaşığı dolusu hamur 2" bırakın.

3. Sert ve altın rengi kahverengi olana kadar 10-12 dakika pişirin.

62. Diyabetik ve düşük sodyumlu kek

Verim: 4 Porsiyon

Bileşen

- 1½ bardak Sebze kısaltma
- 2¾ bardak Şeker
- 9 Yumurtalar
- 1 Limon; suyu
- 1 çay kaşığı Vanilya
- 2 bardak Elenmiş kek unu

Talimatlar

1. Fırını 300 dereceye ısıtın. 10 inçlik bir tüp tavasını yağlayın ve unlayın.

2. Pürüzsüz olana kadar krema kısaltılır. Yavaş yavaş şekeri ve kremayı iyice ekleyin.

3. Yumurtaları teker teker ekleyin, her birinin ardından iyice kremalayın. Limon suyu ve vanilyayı ekleyip karıştırın. Kek ununu eleyip karışıma ekleyin.

4. Karışımı tüp tavasına dökün. 1½ saat veya testler bitene kadar pişirin.

63. Esmer Şeker-Cevizli Dondurma

8 HİZMET VERİR

Bileşen

- 1 yemek kaşığı su
- 1½ çay kaşığı aromasız toz jelatin
- 2½ su bardağı az yağlı süt
- ¾ su bardağı paketlenmiş koyu kahverengi şeker
- ½ çay kaşığı öğütülmüş tarçın
- 3 yumurta sarısı
- 1 (12 ons) kutu yağsız buharlaştırılmış süt
- 1 çay kaşığı vanilya özü
- ½ su bardağı kıyılmış ceviz

Talimatlar

1. Büyük bir tencerede $1\frac{1}{2}$ bardak sütü orta ateşte ısıtın. Süt ısınınca esmer şekeri ve tarçını ekleyip ısıtmaya devam edin.

2. Orta boy bir kapta yumurta sarılarını ve buharlaştırılmış sütü birlikte çırpın. Sıcak süt karışımını ince bir akış halinde yumurta karışımına ekleyin ve iyice birleşene kadar sürekli çırpın.

3. Karışımı tekrar tencereye aktarın ve orta ateşte, sürekli karıştırarak, karışım koyulaşmaya başlayana kadar yaklaşık 5 dakika ısıtın.

4. Karışımı ince gözenekli bir elekten geçirerek bir kaseye süzün ve jelatin ve su karışımını ekleyip çırpın.

5. Kalan 1 bardak sütü ve vanilya özünü karıştırın, üzerini örtün ve buzdolabında en az 2 saat veya gece boyunca soğutun.

6. Karışımı karıştırın, dondurma makinesine aktarın ve üreticinin talimatlarına göre dondurun. Karışım neredeyse donunca cevizleri ekleyin.

64. Limonlu Beze Katmanlı Kek

Bileşen

Kek için:
- Pişirme spreyi
- Toz alma için çok amaçlı un
- 4 yumurta, oda sıcaklığında
- ⅔ su bardağı şeker
- 1 çay kaşığı vanilya özü
- 1 çay kaşığı limon kabuğu rendesi
- 3 yemek kaşığı kanola yağı
- ¾ su bardağı kek unu

Dolgu için:
- 1 kutu yağsız şekerli yoğunlaştırılmış süt
- 1 çay kaşığı limon kabuğu rendesi
- ⅓ bardak taze limon suyu

Üzeri için:
- 2 yumurta akı, oda sıcaklığında
- ¼ çay kaşığı tartar kreması
- ¼ bardak şeker
- ¼ çay kaşığı vanilya özü

Talimatlar

Pastayı yapmak için:

1. Büyük bir kapta, yumurtaları ve şekeri birleştirin ve orta-yüksek hıza ayarlanmış bir elektrikli karıştırıcı ile kabarık ve soluk sarı olana kadar 8 ila 10 dakika çırpın. Vanilya ve limon kabuğu rendesini ekleyin.

2. Kauçuk bir spatula kullanarak yağı yavaşça katlayın.

3. Unu sadece karışana kadar karıştırın.

4. Hamuru hazırlanan pişirme tavalarına eşit olarak bölerek aktarın.

5. Kekleri, ortasına batırdığınız kürdan temiz çıkana kadar 20 ila 22 dakika pişirin.

6. Tavaları 10 dakika soğuması için tel ızgara üzerine yerleştirin, ardından kekleri ızgaraya ters çevirin ve tamamen soğumaya bırakın.

65. Çikolatalı Kremalı Pasta

8 HİZMET VERİR
Bileşen

Kabuğu için:
- $1\frac{1}{4}$ bardak çikolatalı kurabiye kırıntısı
- 3 yemek kaşığı tuzsuz tereyağı, eritilmiş

Dolgu için:
- $\frac{3}{4}$ bardak şeker
- $\frac{1}{4}$ bardak mısır nişastası
- $\frac{1}{4}$ bardak şekersiz kakao tozu
- $1\frac{3}{4}$ bardak az yağlı süt veya hafif hindistan cevizi sütü
- 1 yumurta
- 4 ons acı tatlı çikolata, ince doğranmış
- Servis için yağsız, süt içermeyen çırpılmış sos

Talimatlar

1. Orta ateşte ayarlanmış büyük bir tencerede şekeri, mısır nişastasını ve kakaoyu birlikte çırpın. Sütü ve yumurtayı ekleyip pürüzsüz hale gelinceye kadar çırpmaya devam edin.

2. Karışım kabarcıklanıp koyulaşana kadar sürekli karıştırarak yaklaşık 5 dakika pişirin.

3. Karışımı ocaktan alın ve çikolatayı ekleyin, tamamen eriyip karışıncaya kadar karıştırın.

4. Dolguyu hazırlanan kabuğa dökün, plastik ambalajla örtün, plastiği dolgunun yüzeyine bastırın ve katılaşana kadar en az 4 saat soğutun.

5. İstenirse soğutulmuş, üzerine meyve veya çırpılmış sos ile servis yapın.

66. Vişneli-Bademli Biscotti

18 BİSKOTTİ YAPILIYOR

Bileşen

- 1 fincan çok amaçlı un
- 1 su bardağı tam buğday unu
- ½ çay kaşığı kabartma tozu
- ½ çay kaşığı karbonat
- ¼ fincan tuzsuz tereyağı
- ½ su bardağı toz şeker
- ¼ bardak esmer şeker
- 2 yumurta
- 1 yemek kaşığı vanilya özü
- 3 ons badem
- 2 ons kurutulmuş kiraz, doğranmış

Talimatlar

1. Orta boy bir karıştırma kabında unları, kabartma tozunu ve kabartma tozunu birlikte karıştırın.

2. Büyük bir karıştırma kabında, elektrikli bir karıştırıcı kullanarak tereyağını ve şekeri krema kıvamına gelinceye kadar çırpın. Yumurtaları birer birer ekleyin.

3. Vanilyayı ve kuru malzemeleri ekleyin ve iyice birleşene kadar çırpın. Bademleri ve kurutulmuş kirazları ekleyin.

4. Hamuru 2 eşit parçaya bölün. Hazırlanan fırın tepsisinde hamuru iki adet 3 x 8 inçlik somun şeklinde şekillendirin.

5. Somunları altın rengi olana kadar 30 ila 35 dakika pişirin.

6. Somunları 45 derecelik bir açıyla 1 inç genişliğinde dilimler halinde kesin.

7. Dilimleri kesilmemiş kenarları üzerinde duracak şekilde fırın tepsisine geri koyun. Bisküvileri iyice kuruyana ve hafifçe kızarana kadar yaklaşık 25 dakika pişirin.

67. Yulaf Ezmeli-Çikolata Parçalı Kurabiye

Bileşen

- ½ bardak çok amaçlı un
- ½ su bardağı tam buğday unu
- ¾ fincan eski moda çabuk pişirilen yulaf ezmesi
- ½ çay kaşığı kabartma tozu
- ⅓ çay kaşığı karbonat
- ¾ bardak açık kahverengi şeker
- ⅓ bardak kanola yağı
- 1 yumurta
- 1 çay kaşığı vanilya özü
- ⅓ fincan bitter çikolata parçaları

Talimatlar

1. Fırını önceden 350°F'ye ısıtın.

2. Büyük bir fırın tepsisini parşömen kağıdıyla hizalayın.

3. Orta boy bir karıştırma kabında unları, yulafları, kabartma tozunu ve kabartma tozunu birleştirin.

4. Elektrikli bir karıştırıcı kullanarak büyük bir karıştırma kabında şekeri ve yağı birlikte krema haline getirin.

5. Yumurtayı ve vanilyayı ekleyin ve birleştirmek için çırpın.

6. Kuru karışımı ıslak karışıma ekleyin ve birleştirmek için çırpın.

7. Çikolata parçacıklarını katlayın.

8. Kurabiye hamurunu yuvarlak yemek kaşığı yardımıyla fırın tepsisine dizin.

9. Kurabiyeleri altın rengi kahverengi olana kadar yaklaşık 25 dakika pişirin. Kurabiyeleri soğuması için tel ızgaraya aktarın.

68. Düşük sodyumlu mısır ekmeği turtası

Bileşen

- 1 pound Kıyma, yağsız
- her biri 1 Büyük soğan - doğranmış
- her biri 1 Sahte domates çorbası
- Tuz ve ¾ çay kaşığı Karabiber
- 1 çorba kaşığı Biber tozu
- 12 ons Dondurulmuş mısır
- ½ fincan Yeşil biber - doğranmış
- ¾ fincan Mısır unu
- 1 çorba kaşığı Şeker
- 1 çorba kaşığı Çok amaçlı un
- 1½ çay kaşığı Kabartma tozu
- 2 Yumurta akı - iyice çırpılmış
- ½ fincan %2 süt
- 1 çorba kaşığı Pastırma damlamaları

Talimatlar

1. Mısır Ekmeği Turtası: Kıymayı ve doğranmış soğanı tavada birleştirin.

2. İyice kahverengileştirin. Domates çorbası, su, karabiber, pul biber, mısır ve doğranmış yeşil biberi ekleyin. İyice karıştırın ve 15 dakika pişmeye bırakın. Yağlanmış bir güveç haline getirin. Üzerine mısır ekmeği koyun (aşağıda) ve orta dereceli (350° F) fırında 20 dakika pişirin.

3. Mısır Ekmeği Üzeri: Mısır unu, şeker, un ve kabartma tozunu birlikte eleyin. İyice çırpılmış yumurta, süt ve domuz pastırması damlalarını ekleyin. Sığır eti karışımına geçin.

69. Çikolatalı sufle keki

Verim: 8 porsiyon

Bileşen

- Yapışmaz bitkisel yağ
- Sprey
- 14 yemek kaşığı Şeker
- ⅔ fincan Ceviz, kızarmış
- ½ fincan Şekersiz kakao tozu
- 3 yemek kaşığı Sebze yağı
- 8 büyük Yumurta beyazı
- 1 tutam Tuz
- Toz şeker

Talimatlar

1. Tavayı ve kağıdı bitkisel yağ spreyi ile yayın. Tavayı 2 yemek kaşığı şekerle serpin. Fındıkları 2 yemek kaşığı şekerle birlikte robotta ince ince öğütün. Fındık karışımını büyük kaseye aktarın. 10 yemek kaşığı şekeri ve kakaoyu, ardından yağı karıştırın.

2. Elektrikli bir karıştırıcı kullanarak yumurta aklarını ve tuzu geniş bir kapta yumuşak zirveler oluşana kadar çırpın. Beyazları kakao karışımına katlayın.

3. Hamuru hazırlanan tavaya kaşıkla dökün; pürüzsüz üst.

4. Kek kabarıncaya ve ortasına yerleştirilen bir test cihazı nemli kırıntılarla birlikte çıkana kadar yaklaşık 30 dakika pişirin.

70. Kahvaltı Tacoları

Bileşen

- 1 çay kaşığı öğütülmüş kimyon
- 1 (15 ons) kutu tuzsuz pembe fasulye
- 4 soğan, dilimlenmiş
- 1 küçük kırmızı dolmalık biber, ince şeritler halinde kesilmiş
- ½ bardak sodyumu azaltılmış tavuk suyu
- 2 diş sarımsak, kıyılmış
- 4 yumurta
- 4 yemek kaşığı yağsız yoğurt
- 4 yemek kaşığı salsa
- 8 (6") mısır ekmeği, kızartılmış

Talimatlar

a) 10" yapışmaz tavayı orta-yüksek ateşte ısıtın. Kimyonu ekleyin ve ara sıra karıştırarak yaklaşık 30 saniye veya kokusu çıkana kadar pişirin. Fasulyeyi, yeşil soğanı, dolmalık biberi, et suyunu ve sarımsağı ekleyin. Kaynatın, ardından karışımın kaynaması için ısıyı azaltın. 8 dakika pişirin.

b) Fasulyelerde dört girinti yapmak için kaşığın arkasını kullanın. her yumurtayı bir muhallebi kabına kırın ve her girintiye dökün. Kapağını kapatıp yaklaşık 8 dakika pişirin.

c) Yumurtalı fasulye karışımının her bir kısmını bir tabağa alın. Zeytinleri fasulyelerin üzerine ve çevresine serpin. Her porsiyonun üzerine 1 yemek kaşığı yoğurt ve 1 yemek kaşığı salsa ekleyin.

71. Barbekü Haş

Bileşen

- 3 tatlı patates, soyulmuş ve doğranmış
- 1 (8 ons) paket tempeh, doğranmış
- 1 soğan, ince doğranmış
- 1 kırmızı dolmalık biber, ince doğranmış
- 1 yemek kaşığı mağazadan satın alınan barbekü sosu
- 1 çay kaşığı Cajun baharatı
- $\frac{1}{4}$ bardak doğranmış taze maydanoz
- 4 yumurta Acı biber sosu (isteğe bağlı)

Talimatlar

a) Orta-yüksek ateşte büyük yapışmaz tavada 3 yemek kaşığı yağı ısıtın. Tatlı patatesleri ve tempeyi ekleyin ve ara sıra karıştırarak 5 dakika veya karışım kahverengileşene kadar pişirin. Sıcaklığı orta dereceye düşürün.

b) Soğanı ve dolmalık biberi ekleyin ve 12 dakika daha pişirin; pişirme süresi sonunda daha sık karıştırarak, tempeh kızarana ve patatesler yumuşayana kadar pişirin.

c) Barbekü sosunu, Cajun baharatını ve maydanozu ekleyin. Birleştirmek için karıştırın ve ardından 4 servis tabağına bölün.

d) Tavayı kağıt havluyla silin. Isıyı orta-düşük seviyeye düşürün ve kalan 1 yemek kaşığı yağı ekleyin. Yumurtaları tavaya kırın ve istediğiniz donanıma kadar pişirin.

e) Haşlamanın her bölümünün üzerine bir yumurta kaydırın ve hemen servis yapın. İstenirse acı biber sosunu masaya aktarın.

72. Zeytin ve Otlu Frittata

Bileşen

- 1 çay kaşığı zeytinyağı, tercihen sızma
- 3/4 bardak doğranmış kırmızı dolmalık biber
- 3/4 su bardağı doğranmış yeşil dolmalık biber
- 3/4 bardak (3 ons) rendelenmiş, yağı azaltılmış Monterey Jack peyniri
- 2 yemek kaşığı doğranmış taze fesleğen
- 5 yumurta + 2 yumurta akı (hafifçe çırpılmış)
- $\frac{1}{4}$ çay kaşığı tuz Öğütülmüş karabiber

Talimatlar

a) Fırını önceden 375°F'ye ısıtın. 9 "fırına dayanıklı tavayı bitkisel yağ spreyi ile kaplayın. Orta-yüksek ateşte yerleştirin. Yağı ekleyin. 30 saniye ısıtın. Biberleri ekleyin. Ara sıra karıştırarak yaklaşık 5 dakika veya yumuşayana kadar pişirin. Peyniri ve fesleğenleri tavaya serpin. Yumurtaları, yumurta aklarını, zeytinleri, tuzu ve karabiberi ekleyin.

b) Yaklaşık 30 dakika veya yumurtalar sertleşene kadar pişirin. Hafifçe soğumaya bırakın. Takozlar halinde kesin.

73. Kuşkonmaz Frittata

İçindekiler

- ½ pound kuşkonmaz, 1" parçalar halinde kesilmiş
- ¼ soğan, ince doğranmış
- 4 yumurta
- 2 yumurta akı
- 2 yemek kaşığı soğuk su
- 2 çay kaşığı taze rendelenmiş portakal kabuğu rendesi
- ¼ çay kaşığı tuz Taze çekilmiş karabiber

Talimatlar

a) Fırını önceden 350°F'ye ısıtın. 10" yapışmaz fırına dayanıklı tavayı orta ateşte 1 dakika ısıtın. Yağı ekleyin ve 30 saniye ısıtın. Kuşkonmaz ve soğanı ekleyin. Yaklaşık 2 dakika veya kuşkonmaz parlak yeşil olana kadar karıştırarak pişirin.

b) Bu arada yumurtaları, yumurta aklarını, suyu, portakal kabuğu rendesini ve tuzu çırpın. Tavaya dökün ve 2 dakika ya da dibe çökene kadar pişirin. Ayarlanan kenarları kaldırmak ve pişmemiş karışımın alttan akmasını sağlamak için silikon bir spatula kullanın. Biberle iyice baharatlayın.

c) Fırına aktarın ve 6 dakika pişirin. Yumurta karışımının kenarını kaldırmak için spatulayı kullanın ve tavayı eğerek pişmemiş yumurta ve yağın altına akmasını sağlayın. Yaklaşık 6 dakika daha uzun süre veya kabarıp altın rengi oluncaya kadar pişirin.

74. Çilekli-Bademli Tost

İçindekiler

- 1 yumurta
- $\frac{1}{4}$ su bardağı yağsız süt
- $\frac{1}{4}$ çay kaşığı öğütülmüş tarçın
- 1 dilim tam tahıllı ekmek
- 1 çay kaşığı margarin
- $\frac{1}{2}$ su bardağı dilimlenmiş çilek

Talimatlar

a) Yumurtayı sığ bir kapta süt ve tarçınla çırpın. Ekmeğin her iki tarafını yumurtalı karışıma batırın.

b) Margarini yapışmaz bir tavada orta ateşte eritin. Ekmeği her tarafı yaklaşık 2 ila 3 dakika veya altın rengi olana kadar pişirin. Çapraz olarak ikiye bölün. Yarısını bir tabağa koyun. Çileklerin ve bademlerin yarısını üstüne koyun.

c) Diğer kızarmış ekmek yarısını ve kalan çilekleri ve bademleri örtün.

75. Çikolatalı Krep

İçindekiler

- 2/3 su bardağı tam buğday unu
- 2/3 su bardağı ağartılmamış çok amaçlı un
- 1/3 su bardağı mısır unu
- 1 yemek kaşığı kabartma tozu
- ½ çay kaşığı karbonat
- 2 su bardağı yağsız vanilyalı yoğurt
- 3/4 bardak yağsız yumurta yerine
- 2 yemek kaşığı kanola yağı
- 3/4 bardak süt içermeyen çırpılmış tepesi

Talimatlar

a) Unları, mısır unu, kabartma tozunu ve kabartma tozunu geniş bir kapta birleştirin. Yoğurt, yumurta ikamesi, çikolata parçacıkları ve yağı karıştırın.

b) Büyük yapışmaz tavayı pişirme spreyi ile kaplayın ve orta ateşte ısıtın.

c) Her gözleme için 2 yemek kaşığı hamurdan tavaya dökün. Krepleri 2 dakika boyunca veya yüzeyde ve kenarlarda kabarcıklar oluşana kadar pişirin. Çevirip hafifçe kızarıncaya kadar, yaklaşık 2 dakika daha pişirin. Kalan meyilli ile tekrarlayın.

d) Her gözlemenin üzerine 1 çay kaşığı çırpılmış tepesi ekleyin.

76. Çikolatalı Cevizli Waffle

İçindekiler

- 1½ su bardağı tam tahıllı pasta unu
- ½ bardak şekersiz kakao tozu
- 2 çay kaşığı kabartma tozu
- ¼ çay kaşığı karbonat
- 1 bardak %1 süt
- ½ su bardağı paketlenmiş esmer şeker
- 2 çay kaşığı espresso tozu
- 3 yemek kaşığı hafif zeytinyağı
- 3 yumurta akı
- 1/8 çay kaşığı tuz
- 3 yemek kaşığı akçaağaç şurubu

Talimatlar

a) Unu, kakao tozunu, kabartma tozunu ve kabartma tozunu büyük bir kapta birleşene kadar birlikte çırpın. Un karışımının ortasında bir havuz açın ve süt, şeker, espresso tozu ve yağı ekleyin. Malzemeleri karışana kadar birlikte çırpın.

b) Waffle demirini 4 dakika boyunca veya üreticinin talimatlarına göre önceden ısıtın. Beyazları çikolata hamuruna 3 seferde katlayın ve karışım birleşene kadar katlayın.

c) Isıtılmış waffle ızgaralarını kullanmadan hemen önce pişirme spreyi ile kaplayın. Waffle ızgaralarını neredeyse kaplayacak kadar (2/3 bardak) yeterli miktarda hamur ekleyin ve 3 ila 4 dakika pişirin.

77. Granola Barlar ve Kuru Kiraz

İçindekiler

- 1½ su bardağı kuru sade yulaf
- 1 yemek kaşığı çok amaçlı un
- 2/3 su bardağı doğranmış kurutulmuş şekersiz kiraz
- 2 yumurta
- 1 su bardağı paketlenmiş açık kahverengi şeker
- 1 yemek kaşığı kanola yağı
- 1 çay kaşığı öğütülmüş tarçın
- ¼ çay kaşığı tuz
- 1 çay kaşığı vanilya özü

Talimatlar

a) 1 bardak kaju fıstığını ve ½ bardak yulafı kenarları olan geniş bir fırın tepsisine yerleştirin. Bir kez karıştırarak 10 dakika veya kızarana kadar pişirin. Bir kenara koyun.

b) Unu, kalan 1 su bardağı yulaf ve ½ su bardağı kajuyu metal bıçaklı bir mutfak robotuna koyun. Pürüzsüz olana kadar işlem yapın. Orta boy bir kaseye aktarın ve kirazlar, ayrılmış kaju fıstığı ve yulafla birleştirin.

c) Yumurtaları, esmer şekeri, yağı, tarçını, tuzu ve vanilyayı geniş bir kapta birlikte çırpın. Yulaf-kaju karışımını iyice karışana kadar karıştırın. Hazırlanan tavaya yayıldı.

d) 30 dakika veya altın kahverengi olana kadar pişirin.

78. Meyveli ve Fındıklı Muffinler

İçindekiler

- 1 3/4 su bardağı tam tahıllı pasta unu
- 1½ çay kaşığı kabartma tozu
- 1½ çay kaşığı öğütülmüş tarçın
- ½ çay kaşığı karbonat
- ¼ çay kaşığı tuz
- 1 su bardağı yağsız vanilyalı yoğurt
- ½ su bardağı esmer şeker
- 1 yumurta
- 2 yemek kaşığı kanola yağı
- 1 çay kaşığı vanilya özü
- ½ su bardağı ezilmiş ananas suyu, süzülmüş
- 1/3 bardak kuş üzümü veya kuru üzüm
- ¼ bardak rendelenmiş havuç

Talimatlar

a) Fırını önceden 400°F'ye ısıtın.

b) Unu, kabartma tozunu, tarçını, kabartma tozunu ve tuzu geniş bir kapta birleştirin. Orta boy bir kapta yoğurt, esmer şeker, yumurta, yağ ve vanilyayı birleştirin. Yoğurt karışımını un karışımına sadece karışana kadar karıştırın.

c) Cevizleri, ananasları, kuş üzümlerini veya kuru üzümleri ve havuçları katlayın.

d) Hamuru 12 adet muffin kalıbına eşit şekilde paylaştırın.

e) 20 dakika pişirin.

79. İkili Balkabaklı Snack Barlar

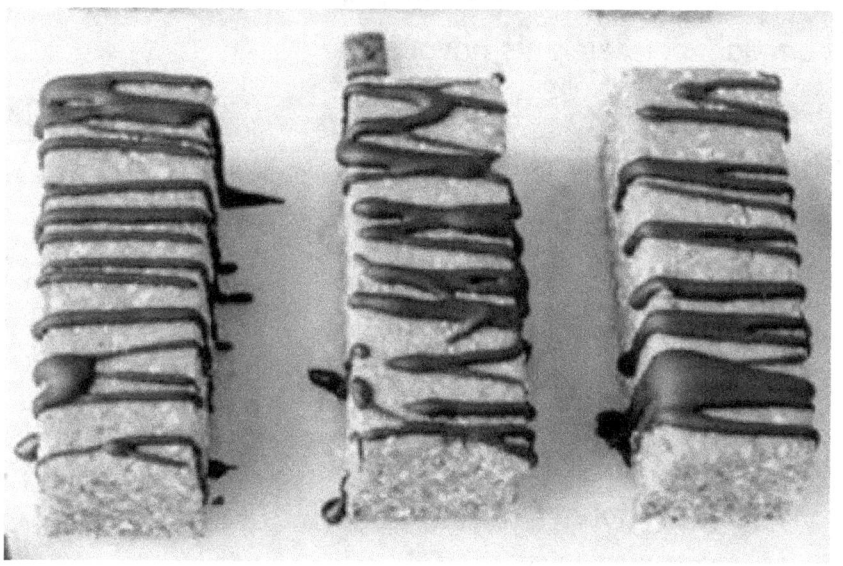

İçindekiler

- 1 bardak konserve katı paket kabak
- 1 su bardağı rendelenmiş havuç
- $\frac{1}{2}$ bardak) şeker
- 1/3 bardak kurutulmuş kızılcık veya kuru üzüm
- $\frac{1}{4}$ bardak kanola yağı
- 2 büyük yumurta
- 1 su bardağı tam tahıllı pasta unu
- 1 çay kaşığı kabartma tozu
- 1 çay kaşığı öğütülmüş tarçın
- $\frac{1}{2}$ çay kaşığı karbonat
- $\frac{1}{4}$ çay kaşığı tuz

Talimatlar

a) 1 su bardağı kabak çekirdeğini blender veya mutfak robotuna alın ve iyice öğütülene kadar işleyin. Bir kenara koyun. Kalan tohumları irice doğrayın ve bir kenara koyun.

b) Kabak, havuç, şeker, kızılcık veya kuru üzüm, yağ ve yumurtaları geniş bir kapta birleştirin ve iyice karışana kadar karıştırın. Unu, öğütülmüş kabak çekirdeğini, kabartma tozunu, tarçını, kabartma tozunu ve tuzu ekleyin. Harmanlanana kadar karıştırın.

c) Hamuru hazırlanan tavaya dökün ve eşit şekilde dağıtın. Ayrılmış doğranmış kabak çekirdeğini serpin. 22 ila 25 dakika kadar veya hafifçe bastırıldığında üst kısım geri dönene kadar pişirin. 12 çubuğa kesmeden önce tavada, rafta tamamen soğutun.

80. Yumurtalı pizza kabuğu

İçindekiler -

- 3 yumurta
- 1/2 su bardağı hindistan cevizi unu
- 1 bardak hindistan cevizi sütü
- 1 diş ezilmiş sarımsak

Talimatlar

a) Karıştırın ve omlet yapın.

b) Sert

81. Sebzeli omlet

1 kişilik

İçindekiler

- 2 büyük yumurta
- Tuz
- 6 yuvarlak karabiber
- 1 çay kaşığı zeytinyağı veya kimyon yağı
- 1 su bardağı ıspanak, çeri domates ve 1 yemek kaşığı yoğurt peyniri
- Ezilmiş kırmızı pul biber ve bir tutam dereotu

Talimatlar

a) 2 büyük yumurtayı küçük bir kasede çırpın. Tuz ve karabiberle tatlandırıp bir kenara koyun. 1 çay kaşığı zeytinyağını orta boy bir tavada, orta ateşte ısıtın.

b) Bebek ıspanağı, domatesi, peyniri ekleyin ve solana kadar (Yaklaşık 1 dakika) karıştırarak pişirin.

c) Yumurta ekleyin; Ara sıra karıştırarak, ayarlanana kadar yaklaşık 1 dakika pişirin. Peyniri karıştırın.

d) Ezilmiş kırmızı biber gevreği ve dereotu serpin.

82. Yumurtalı Kekler

İçindekiler

Porsiyon: 8 muffin

- 8 yumurta
- 1 su bardağı doğranmış yeşil biber
- 1 su bardağı doğranmış soğan
- 1 bardak ıspanak
- 1/4 çay kaşığı tuz
- 1/8 çay kaşığı öğütülmüş karabiber
- 2 yemek kaşığı su

Talimatlar

a) Fırını 350 derece F'ye ısıtın. 8 muffin kabını yağlayın.

b) Yumurtaları birlikte çırpın.

c) Biber, ıspanak, soğan, tuz, karabiber ve suyu ekleyip karıştırın. Karışımı muffin kaplarına paylaştırın.

d) Muffinlerin ortası bitene kadar fırında pişirin.

83. Füme Somonlu Çırpılmış Yumurta

İçindekiler

- 1 çay kaşığı hindistancevizi yağı
- 4 yumurta
- 1 yemek kaşığı su
- 115 gram somon füme, dilimlenmiş
- 1/2 avokado
- tatmak için öğütülmüş karabiber
- 4 adet kıyılmış frenk soğanı (veya 1 adet yeşil soğanı ince dilimlenmiş olarak kullanın)

Talimatlar

a) Bir tavayı orta ateşte ısıtın.

b) Sıcakken tavaya hindistancevizi yağını ekleyin.

c) Bu arada yumurtaları çırpın. Sıcak tavaya füme somonla birlikte yumurta ekleyin. Sürekli karıştırarak yumurtaları yumuşak ve kabarık olana kadar pişirin.

d) Ateşten alın. Servis etmek için üzerine avokado, karabiber ve frenk soğanı ekleyin.

84. Biftek ve Yumurta

2 kişilik

İçindekiler -

- 1/2 lb. kemiksiz dana biftek veya domuz bonfile
- 1/4 çay kaşığı öğütülmüş karabiber
- 1/4 çay kaşığı deniz tuzu (isteğe bağlı)
- 2 çay kaşığı hindistancevizi yağı
- 1/4 soğan, doğranmış
- 1 kırmızı dolmalık biber, doğranmış
- 1 avuç ıspanak veya roka
- 2 yumurta

Talimatlar

a) Dilimlenmiş biftek veya domuz bonfilesini deniz tuzu ve karabiberle tatlandırın. Sote tavasını yüksek ateşte ısıtın. Tava ısınınca 1 çay kaşığı hindistan cevizi yağı, soğan ve eti ekleyip biftek hafif pişene kadar soteleyin.

b) Ispanak ve kırmızı dolmalık biberi ekleyin ve biftek damak zevkinize göre pişene kadar pişirin. Bu arada küçük bir kızartma tavasını orta ateşte ısıtın. Kalan hindistancevizi yağını ekleyin ve iki yumurtayı kızartın.

c) Servis yapmak için her bifteğin üzerine kızarmış yumurta koyun.

85. Yumurta Fırında

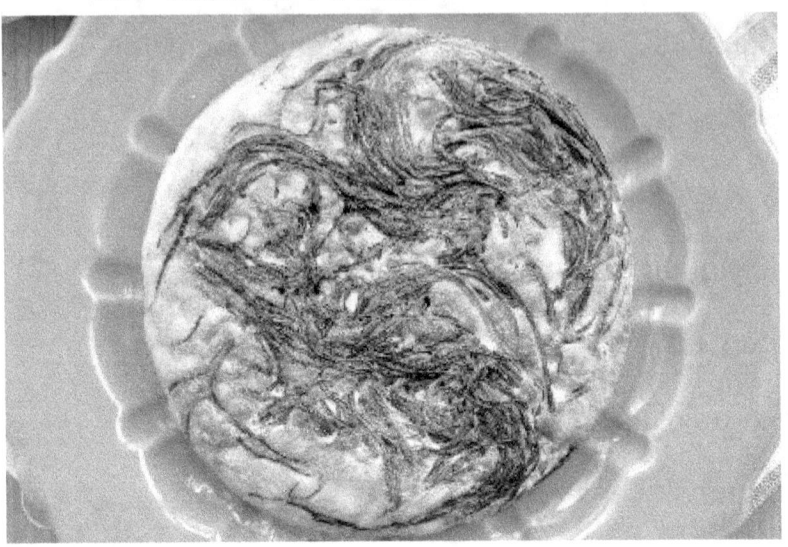

İçindekiler -

Servis 6

- 2 su bardağı doğranmış kırmızı biber veya ıspanak
- 1 bardak kabak
- 2 yemek kaşığı hindistancevizi yağı
- 1 su bardağı dilimlenmiş mantar
- 1/2 su bardağı dilimlenmiş yeşil soğan
- 8 yumurta
- 1 bardak hindistan cevizi sütü
- 1/2 su bardağı badem unu
- 2 yemek kaşığı kıyılmış taze maydanoz
- 1/2 çay kaşığı kurutulmuş fesleğen
- 1/2 çay kaşığı tuz
- 1/4 çay kaşığı öğütülmüş karabiber

Talimatlar

a) Fırını önceden 350 derece F'ye ısıtın. Hindistan cevizi yağını tavaya koyun. Orta ateşte ısıtın. Sebzeler yumuşayana kadar yaklaşık 5 dakika mantar, soğan, kabak ve kırmızı biber (veya ıspanak) ekleyin. Sebzeleri süzüp fırın tepsisine yayın.

b) Yumurtaları bir kasede süt, un, maydanoz, fesleğen, tuz ve karabiberle çırpın. Yumurta karışımını pişirme kabına dökün.

c) Önceden ısıtılmış fırında ortası sertleşene kadar (yaklaşık 35 ila 40 dakika) pişirin.

86. Frittata

6 porsiyon

İçindekiler

- 2 yemek kaşığı zeytinyağı veya avokado yağı
- 1 Kabak, dilimlenmiş
- 1 su bardağı yırtılmış taze ıspanak
- 2 yemek kaşığı dilimlenmiş yeşil soğan
- 1 çay kaşığı ezilmiş sarımsak, tatmak için biber ve tuz
- 1/3 su bardağı hindistan cevizi sütü
- 6 yumurta

Talimatlar

a) Zeytinyağını bir tavada orta ateşte ısıtın. Kabak ekleyin ve yumuşayana kadar pişirin. Ispanak, yeşil soğan ve sarımsağı karıştırın. Tuz ve karabiberle tatlandırın. Ispanaklar solana kadar pişirmeye devam edin.

b) Ayrı bir kapta yumurtaları ve Hindistan cevizi sütünü birlikte çırpın. Tavaya sebzelerin üzerine dökün. Isıyı en aza indirin, kapağını kapatın ve yumurtalar sertleşene kadar (5 ila 7 dakika) pişirin.

87. Naan / Krep / Krep

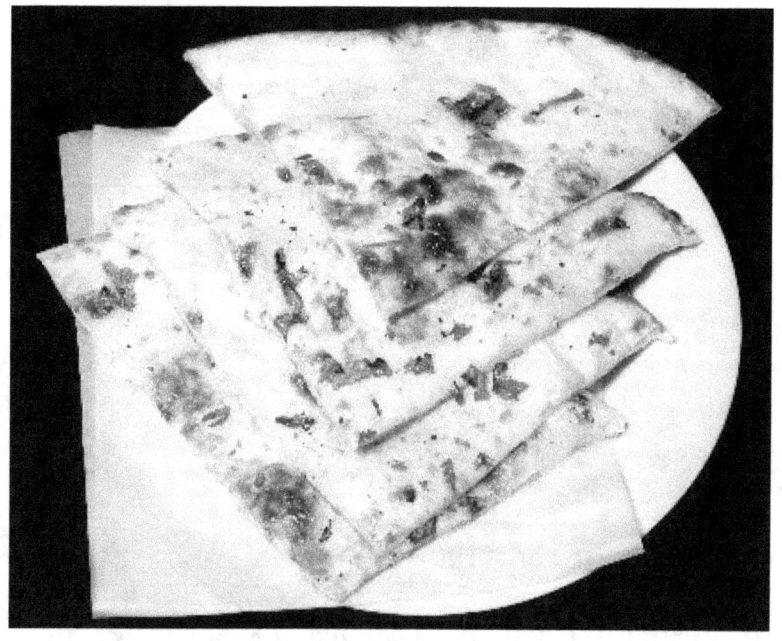

İçindekiler

- 1/2 su bardağı badem unu
- 1/2 bardak Tapyoka Unu
- 1 bardak hindistan cevizi sütü
- Tuz
- hindistancevizi yağı

Talimatlar

a) Tüm malzemeyi birlikte karıştırın.

b) Tavayı orta ateşte ısıtın ve hamuru istediğiniz kalınlığa dökün. Hamur sertleşince diğer tarafını da pişirin.

c) Bunun tatlı bir krep veya gözleme olmasını istiyorsanız tuzu atlayın. İsterseniz hamura kıyılmış sarımsak veya zencefil veya biraz baharat ekleyebilirsiniz.

88. Kabak Krep

3 kişilik

İçindekiler

- 2 orta boy kabak
- 2 yemek kaşığı doğranmış soğan
- 3 çırpılmış yumurta
- 6 ila 8 yemek kaşığı badem unu
- 1 çay kaşığı tuz
- 1/2 çay kaşığı öğütülmüş karabiber
- hindistancevizi yağı

Talimatlar

a) Fırını 300 derece F'ye ısıtın.

b) Kabağı bir kaseye rendeleyin, soğan ve yumurtayı ekleyip karıştırın. 6 yemek kaşığı un, tuz ve karabiberi ekleyip karıştırın.

c) Büyük bir sote tavasını orta ateşte ısıtın ve tavaya hindistancevizi yağını ekleyin. Yağ ısınınca ısıyı orta-düşük seviyeye indirin ve hamuru tavaya ekleyin. Kreplerin her iki tarafını da kızarana kadar yaklaşık 2 dakika pişirin. Krepleri fırına yerleştirin.

89. Kiş

2-3 kişilik

İçindekiler

- 1 Önceden pişirilmiş ve soğutulmuş Tuzlu Pasta Kabuğu
- 8 ons organik ıspanak, pişmiş ve süzülmüş
- 6 ons küp küp domuz eti
- 2 orta boy arpacık, ince dilimlenmiş ve sotelenmiş
- 4 büyük yumurta
- 1 bardak hindistan cevizi sütü
- 3/4 çay kaşığı tuz
- 1/4 çay kaşığı taze çekilmiş karabiber

Talimatlar

a) Domuz etini hindistancevizi yağında kızartın ve ardından ıspanak ve arpacık soğanı ekleyin. Bittiğinde bir kenara koyun.

b) Fırını 350F'ye önceden ısıtın. Büyük bir kapta yumurta, süt, tuz ve karabiberi birleştirin. Köpük köpük olana kadar çırpın. Süzülmüş dolgu karışımının yaklaşık 3/4'ünü ekleyin, diğer 1/4'ünü kişin "üstüne" ayırın. Yumurta karışımını kabuğa dökün ve kalan dolguyu kiş üzerine yerleştirin.

c) Kişiyi fırının orta rafının ortasına yerleştirin ve rahatsız edilmeden 45 ila 50 dakika pişirin.

90. Kahvaltı sosis topları

Verim: 12 porsiyon

Bileşen

- 2 yemek kaşığı Portakal Suyu, Dondurulmuş Konsantre
- 2 yemek kaşığı akçaağaç şurubu
- 4 bölüm ekmek
- 1 Yumurta, hafifçe karıştırılmış
- $\frac{1}{2}$ pound Hafif Toplu Sosis
- $\frac{1}{2}$ su bardağı doğranmış ızgara cevizler
- 2 yemek kaşığı Maydanoz Gevreği

Talimatlar

a) Ekmeği portakal suyuna ve akçaağaç şurubuna bölün. Yumurtayı ekleyip iyice karıştırın.

b) karıştırın . Yaklaşık 1 inç çapında küçük sosis topları veya köfteler haline getirin. Tavada veya tavada orta ateşte , rengi dönene kadar yavaşça kızartın . Bir aile yemeğinde meze olarak veya makarnanın yanında servis edilebilir. Piştikten sonra önceden hazırlanıp dondurulabilir.

c) sıcak ızgarada tekrar ısıtın .

91. Kahvaltılık sosisli sandviçler

Verim: 1 Porsiyon

Bileşen

- Yumuşatılmış tereyağı veya margarin
- 8 bölüm ekmek
- 1 kiloluk domuz sosisi, pişmiş
- Ufalanmış ve süzülmüş
- 1 bardak (yaklaşık
- 4 ons) rendelenmiş kaşar peyniri
- 2 yumurta, harmanlanmış
- 1½ su bardağı Süt
- 1½ çay kaşığı hardal

Talimatlar

a) Her ekmek parçasının bir tarafına tereyağı sürün.

b) Hafifçe yağlanmış 8 inçlik kare bir pişirme kabına 4 parçayı tereyağlı tarafı aşağı gelecek şekilde tek bir katman halinde yerleştirin.

c) her ekmek parçasını sosis ve kalan ekmek dilimlerini tereyağlı tarafı yukarı gelecek şekilde yerleştirin . Peynir serpin.

d) Kalan malzemeleri karıştırın ; Sandviçlerin üzerine tükür . kapağını kapatın ve en az 8 saat buzdolabında saklayın.

92. kavrulmuş şili muhallebi

Verim: 4 porsiyon

Bileşen

- 2 büyük yumurta
- 2 büyük yumurta sarısı
- ⅓ su bardağı şeker, esmer
- 2 yemek kaşığı şeker, kahverengi
- ¼ çay kaşığı Tuz
- 2 su bardağı Krema, Ağır
- ¼ çay kaşığı Vanilya
- 2 çay kaşığı Şili de Arbol, kızartılmış toz

Talimatlar

a) Izgarayı 300 dereceye kadar ısıtın . Yumurtayı, yumurta sarısını, ⅓ c Esmer Şekeri ve tuzu tepkimeye girmeyen bir kapta karışana kadar çırpın.

b) Kremayı ve vanilyayı bir tencerede orta ateşte haşlayın; Ateşten alın ; fraksiyonel ve yumurta karışımını pürüzsüz hale gelinceye kadar hızla çırpın ; tenceredeki kremaya tekrar ekleyin; Bir kaşığın arkasını kaynayan muhallebi kaplamasının hemen altına getirin; Ateşten alın .

c) muhallebiyi 4 4 onsluk ramekinlere dökün ; otel tavasına yerleştirin; ızgarada tava planlayın ; ramekinlerin kenarlarına ⅔ kadar ulaşacak kadar su doldurun; Ayarlanana kadar pişirin (yaklaşık 35 dakika); 3 saat buzdolabında bekletin.

d) Hizmet etmek; her muhallebinin üzerine ¼ çay kaşığı şili tozu serpin; üstüne elenmiş kahverengi şeker ekleyin; Şeker yanmadan, eriyene kadar ızgarada pişirin.

93. Kahvaltılık sosisli sandviçler

Verim: 1 Porsiyon

Bileşen

- Yumuşatılmış tereyağı veya margarin
- 8 bölüm Ekmek
- 1 kiloluk domuz sosisi, pişmiş
- 4 ons rendelenmiş kaşar peyniri
- 2 yumurta, harmanlanmış
- $1\frac{1}{2}$ su bardağı Süt
- $1\frac{1}{2}$ çay kaşığı hardal

Talimatlar

a) Her ekmek parçasının bir tarafına tereyağı sürün.

b) Hafifçe yağlanmış 8 inçlik kare bir pişirme kabına 4 parçayı tereyağlı tarafı aşağı gelecek şekilde tek bir katman halinde yerleştirin.

c) her ekmek parçasını sosis ve kalan ekmek dilimlerini tereyağlı tarafı yukarı gelecek şekilde yerleştirin. Peynir serpin.

d) Kalan malzemeleri karıştırın ; Sandviçlerin üzerine tükür . kapağını kapatın ve en az 8 saat buzdolabında saklayın

e) Buzdolabından çıkarın ; 30 dakika dinlendirin .

94. Alman krepleri

Verim: 12 porsiyon

Bileşen

- Izgara Kırmızı Biberli Tavuk
- 3 büyük yumurta
- ⅓ bardak çok amaçlı un
- ⅓ bardak Süt
- ¼ çay kaşığı Tuz
- 1 yemek kaşığı sebze yağı; erimiş

Talimatlar

a) Hazır Izgara Kırmızı Biberli Tavuk; Servis yapmaya hazır olana kadar buzdolabında saklayın.

b) Izgarayı 450F'ye ısıtın. Orta boy bir tabakta, yüksek hızda elektrikli karıştırıcıyla yumurtaları kalın ve kabarık olana kadar karıştırın. Mikser hızını düşürün ve yavaş yavaş un, süt ve tuzu ekleyerek karıştırın.

c) Her biri altı adet $2\frac{1}{2}$ inçlik kalp şeklinde kalıp içeren 2 tavayı veya on iki adet $2\frac{1}{2}$ inçlik fincan içeren bir çörek tepsisini ısıtmak için 5 dakika boyunca ızgaraya yerleştirin. Tavaları ızgaradan çıkarın ; kapları eritilmiş katı yağla fırçalayın. Hamuru fincanlara paylaştırın ve 10 ila 12 dakika veya kabarıncaya ve hafifçe kızarıncaya kadar pişirin.

d) Krepleri fincanlardan tel ızgaraya çıkarın. Hafif bir girinti bırakarak orta kısmı düşene kadar 5 ila 10 dakika veya daha fazla soğutun. Kreplerin ortasına kaşıkla kızartılmış Kırmızı Biberli Tavuk dökün ve servis tabağına yerleştirin. Derhal servis yapın. İstenirse krepler doldurulmadan önce tamamen soğutulup soğuk olarak servis edilebilir.

e) $\frac{1}{2}$ bardak doğranmış ızgara tatlı biberden 2 yemek kaşığı ayırın. Kalan kırmızı biberi Dicing bıçağı takılı mutfak robotuna yerleştirin. 3 yemek kaşığı mayonez, 1 yemek kaşığı balzamik sirke, $\frac{1}{4}$ çay kaşığı karabiber ve $\frac{1}{8}$ çay kaşığı tuz ekleyin; Karışım püre haline gelinceye kadar işlem yapın. Orta boy bir tabağa geçin ve 1 su bardağı doğranmış pişmiş tavuk, 1 yeşil soğan, ince doğranmış ve ayrılmış 2 yemek kaşığı doğranmış ızgara kırmızı biberi karıştırın.

f) İyice karıştırın. Kapağı kapatın ve servis yapmaya hazır olana kadar buzdolabında saklayın.

TAZE YUMURTA İÇECEKLERİ

95. Coquito

Verim: 1 Porsiyon

Bileşen

- 13/16-litre Hafif Porto Riko Romu
- 2 limonun kabuğunu soyun; (rendelenmiş)
- 6 Yumurta sarısı
- 1 can Tatlı yoğunlaştırılmış süt
- 2 kutu (büyük) buharlaştırılmış süt
- 2 kutu Hindistan cevizi kreması; (Coco Lopez gibi)
- 6 ons Cin

Talimatlar

a) Romun yarısını limon kabuğuyla birlikte bir karıştırıcıda yüksek hızda 2 dakika karıştırın . Süzün ve geniş bir kaseye koyun. Romun geri kalanını ekleyin.

b) Bir karıştırıcıda yumurta sarısını, sütü ve cinleri iyice karışana kadar karıştırın.

c) Bu karışımın $\frac{3}{4}$'ünü romlu bir kaseye dökün. Gerisini hindistancevizi kremasıyla karıştırın ve iyice karıştırın. Rom karışımına ekleyin, iyice karıştırın ve soğutun.

96. Klasik Amaretto Ekşi

Verim: 1 içecek

İçindekiler

- 1 ½ ons (3 yemek kaşığı) amaretto
- ½ ons (1 yemek kaşığı) burbon viski
- 1 ons (2 yemek kaşığı) limon suyu
- 1 çay kaşığı basit şurup veya akçaağaç şurubu
- 1 yumurta beyazı
- 2 çizgi Angostura bitteri
- Garnitür için: Kokteyl kirazı veya Luxardo kirazı, limon dilimi

Talimatlar

a) Amaretto, burbon, limon suyu, şurup, yumurta akı ve bitterleri buzsuz bir kokteyl çalkalayıcıya ekleyin. 15 saniye boyunca çalkalayın.

b) Kokteyl çalkalayıcıya buzu ekleyin. 30 saniye boyunca tekrar çalkalayın.

c) İçeceği bir bardağa süzün; köpük üstte toplanacaktır. Kiraz kokteyli ile süsleyin.

97. Viski Ekşi Kokteyli

1 porsiyon

İçindekiler

- 2 ons viski
- 3/4 ons taze sıkılmış limon suyu
- 1/2 ons basit şurup
- 1 büyük yumurta beyazı
- buz
- İsteğe bağlı olarak 2 ila 3 damla Angostura bitteri

Talimatlar

a) Malzemeleri birleştirin ve buzsuz çalkalayın:

b) Kokteyl çalkalayıcıya viski, limon suyu ve basit şurubu ekleyin, ardından yumurta beyazını ekleyin.

c) 60 saniye boyunca buzsuz olarak çalkalayın.

d) Buz ekleyin, tekrar çalkalayın ve süzün:

e) Çalkalayıcıya buz ekleyin ve 30 saniye boyunca tekrar çalkalayın. Kokteyl bardağına süzün ve üzerine bitterleri bırakın. Sert!

98. Alman Yumurta Likörü

Porsiyon: 2

İçindekiler

- 4 yumurta sarısı
- 1 su bardağı pudra şekeri
- 1/2 çay kaşığı vanilya özü
- 1/2 su bardağı krem şanti
- 1/3 bardak rom

Talimatlar

a) Yumurtaları ayırın ve sarılarını orta boy bir karıştırma kabına ekleyin. Pudra şekeri ve vanilya özütünü de ekleyip elektrikli el mikseriniz veya çırpma teli ile krema kıvamına gelinceye kadar karıştırın.

b) Krem şantiyi ekleyip karıştırıp çırpmaya devam edin.

c) Şimdi yavaşça romu dökün ve kuvvetlice çırpmaya devam edin.

d) Köpürttükten sonra kaseyi ocaktaki sıcak su banyosuna koyun ve karışım kalın ve kremsi hale gelinceye kadar birkaç dakika çırpmaya devam edin. Yumurta likörünün köpürmeye başlayıp alkolünü kaybetmesini istemediğiniz için tenceredeki suyun sıcak olmasına ama kaynamamasına dikkat edin. Yumurta likörünü yaklaşık 160 Fahrenheit dereceye kadar ısıtmak istiyorsunuz.

e) Yumurta likörünü hemen yudumlamak için bardaklara veya daha sonra saklamak üzere sterilize edilmiş şişelere dökün. Temiz ekipman ve taze yumurta kullanırsanız yumurta likörünün buzdolabında yaklaşık 4 ay saklanması gerekir.

99. Vietnam Yumurta Kahvesi

Porsiyon: 2 bardak

İçindekiler

- 12 oz. espresso
- 1 yumurta sarısı
- 4 yemek kaşığı şekerli yoğunlaştırılmış süt

Talimatlar

a) 2 bardak espresso demleyin

b) Yumurta sarısını ve şekerli yoğunlaştırılmış sütü hafif köpüklü veya yumuşak zirvelere kadar çırpın.

c) Yumurta karışımını espressonun üzerine ekleyin.

100. Zabaglione

Porsiyon: 4

İçindekiler

- 4 yumurta sarısı
- 1/4 su bardağı şeker
- 1/2 bardak Marsala Kuru veya diğer kuru beyaz şarap
- birkaç dal taze nane

Talimatlar :

a) Isıya dayanıklı bir kapta, sarıları ve şekeri soluk sarı ve parlak oluncaya kadar çırpın. Marsala daha sonra çırpılmalıdır.

b) Yarısına kadar su dolu orta boy bir tencereyi kısık ateşte kaynatın. Yumurta/şarap karışımını tencerenin üstündeki ısıya dayanıklı kapta çırpmaya başlayın.

c) Sıcak su üzerinde elektrikli çırpıcı (veya çırpma teli) ile 10 dakika boyunca çırpmaya devam edin.

d) Karışımın pişirme süresi boyunca 160°F'a ulaştığından emin olmak için anında okunan bir termometre kullanın.

e) Ateşten alın ve zabaglione'yi hazırladığınız meyvenin üzerine dökün, taze nane yapraklarıyla süsleyin.

f) Zabaglione, dondurmanın üzerinde veya tek başına servis edildiğinde eşit derecede lezzetlidir.

ÇÖZÜM

Taze Yumurta Günlük Yemek Kitabı size her gün taze yumurtaları pişirme ve fırınlama repertuarınıza dahil etmenin yeni ve heyecan verici yollarını gösterdi.

Geleneksel kahvaltı yemeklerinden çorbalara, salatalara ve ana yemeklerin yanı sıra doyurucu akşam yemeği seçeneklerinin yanı sıra tatlı ikramlara kadar.

AFİYET OLSUN!

www.ingramcontent.com/pod-product-compliance
Lightning Source LLC
Chambersburg PA
CBHW070647120526
44590CB00013BA/856